Don Mario Pieracci

Ascolta..... ho da dirti una cosa!

Don Mario Pieracci

Ascolta..... ho da dirti una cosa!

Pensieri spirituali 1°volume

Edizioni Sant'Antonio

Imprint
Any brand names and product names mentioned in this book are subject to trademark, brand or patent protection and are trademarks or registered trademarks of their respective holders. The use of brand names, product names, common names, trade names, product descriptions etc. even without a particular marking in this work is in no way to be construed to mean that such names may be regarded as unrestricted in respect of trademark and brand protection legislation and could thus be used by anyone.

Cover image: Fornito dall'autore

Publisher:
Edizioni Accademiche Italiane
is a trademark of
International Book Market Service Ltd., member of OmniScriptum Publishing Group
17 Meldrum Street, Beau Bassin 71504, Mauritius

Printed at: see last page
ISBN: 978-613-8-39132-6

QUALE AMORE?

Tante volte ho pensato a questo argomento così particolare, così importante: **quale è il vero amore?** e mi sono sempre domandato: noi sacerdoti che doniamo la vita al Signore, che spendiamo il nostro tempo ad annunciare il Cristo, ad ascoltare nell'intimo e proclamare la Verità ai fedeli, noi sacerdoti come possiamo parlare della vita d'amore se non abbiamo esperienze in questo campo (come molti affermano)?

Domandiamoci innanzitutto cos'è l'amore? Cos'è amare? Cos'è questo fuoco che senti dentro di te, questo fuoco che ti arde nell'intimo? Che cos'è amare e che cosa amare? Quale vuole essere il fine dell'amore?

L'amore può essere tutto o nulla, può essere un momento o l'eternità. Amare vuol dire donarsi, offrirsi, abbandonarsi, vuol dire quasi non esistere più. Amare vuol dire essere l'uno per l'altro, senza limiti, senza condizioni. Se ad un ragazzo o ad una ragazza si domanda perché si amano, alle volte non sanno rispondere il perché del loro amore. Alle volte non c'è una risposta precisa, non c'è un perché. L'amore alle volte non nasce per la prestanza fisica, la bellezza esteriore, la giovinezza, ma nasce per un qualcosa che sta dentro all'altro che si è percepito nel più profondo.

Si può amare la dolcezza, si può amare la sensibilità, si può amare lo stare insieme, si può amare la compagnia, l'amore può nascere per tanti motivi.

Come ben si comprende siamo nella sfera dei sentimenti ed essi sono la ragione prima della vita umana, anche se noi Sacerdoti non viviamo l'amore coniugale, eppure conosciamo nella profondità l'amore, e possiamo a ragione parlare dell'amore.

Noi sacerdoti facciamo conoscere al mondo quello che è il vero senso dell'amore, proprio perché portiamo in noi l'amore di Dio. Il vero unico grande amore. Quello a cui tutti ci rivolgiamo e a cui tutti aspiriamo, è proprio l'amore di Dio: Dio ama l'uomo e lo amerà per sempre. L'uomo non dovrà mai dubitare di questa realtà, non sarà mai abbandonato, non sarà mai dimenticato dal suo Dio perché Egli lo ama.

Ecco allora quale è l'essenza dell'amore: Dio. Ma quale amore ha avuto Dio per me, per te, per ogni uomo? Come ha mostrato questo amore, e poi perché lo ha fatto? perché ha amato me? Perché ha amato te, perché? Cosa ne ha guadagnato questo Dio amando me?

Io che sono solo niente, che non valgo assolutamente nulla, mi ritrovo ad essere così amato da Lui senza un perché apparente. La risposta è che l'amore è solo amore, perché l'amore si dona, perché l'amore non ha limiti, l'amore dà tutto e Dio è Amore. La stessa essenza di Dio è l'amore, Egli non può essere altro se non questo.

Allora si che si piega perché Egli ha mandato Suo Figlio Gesù sulla terra: proprio per amore. Allora sì che si spiega il perché Egli abbia voluto che annunciasse al mondo intero, all'umanità intera, ieri, oggi e sempre, l'amore del Padre.

Egli ha permesso che per amore Gesù patisse, morisse sulla croce e per amore spalancasse le porte del regno dei cieli; tutto questo per amore mio, tuo, di ognuno di noi.

Che grande Dio, che grande amore, che immenso dono noi riceviamo e quante volte non lo contraccambiamo!

Nella nostra esperienza di uomini quanto è triste accorgersi di amare tanto e di non essere contraccambiati. Si sente nel cuore tristezza, delusione, un senso di abbandono, sofferenza profonda, perché tu ami e non hai risposta, anzi senti quasi l'indifferenza degli altri cuori e tu muori e il tuo amore muore.

Il grande amore di Dio, però non muore mai, ne puoi essere certo; l'amore di Dio rimarrà per sempre, anche se io, tu o tutti noi non lo contraccambiassimo mai, perché Dio sa solo amare.

Dunque, il fuoco che tu senti dentro di te, il fuoco d'amore che ti prende totalmente, questo fuoco prorompente che addirittura ti riempie è appena una fiammella, alle volte invisibile e insignificante di fronte all'immenso e sconfinato amore di Dio, di fronte a quello che è il grande mistero del Suo amore.

Io sacerdote ti posso dunque parlare dell'amore perché, se ho dato la mia vita al Signore e l'ho data a Lui per te, ovviamente l'ho data all'amore e vivo nell'amore.

Non pensare che il cuore del sacerdote sia freddo, non pensare che la mia vita sia senza questo calore, anche io ho dentro un fuoco che viene da lontano, una fiamma che supera il tempo e lo spazio: il fuoco di Dio, l'amore di Dio.

Allora, fratello, quando sentirai dentro questa fiamma d'amore, sappi che è Dio che te la dà perché tu sia felice, perché tu sappia trovare intorno a te altri che ti amino e perché tutti insieme si possa formare la grande civiltà dell'amore, un universo d'amore, la Chiesa d'amore.

Fratello, ricordalo sempre: Dio ti ama.

SEMPLICITA'

Parlare a te in questo momento, diventa per me quasi un impegno, proprio perché nell'intimo di ognuno si agitano tanti sentimenti, si vivono tante emozioni ed è bello poter elevare il proprio pensiero a grandi ideali come: l'amore, la fraternità, la vita. E' bello altresì pensare che tu, io, noi, tutti formiamo una sola grande universale famiglia.

Una famiglia che sia famiglia dell'amore, famiglia della pace; una famiglia in cui crescere insieme senza altri interessi, rivalità, gelosie, ma voglia di crescere con semplicità, quella semplicità che deve dare senso e sapore a tutto, che deve essere l'anima stessa delle cose che viviamo.

Basta guardarsi intorno, guardare un po' più lontano di se stessi, basta alzare lo sguardo verso il cielo, contemplare il mare, le stelle, il firmamento, gli alberi, i fiori, i campi, gli animali, basta guardare il fratello che ci è accanto, per accorgersi che la semplicità è la cosa più importante.

Non sono essenziali le nostre cose sempre così complicate, le nostre illusioni, i nostri dubbi, le nostre mille domande, che spesso non portano mai o non vogliono mai ad una risposta, ma è fondamentale possedere la semplicità, quella che dà la vita, **la semplicità dei sentimenti, la semplicità nei rapporti, la semplicità in tutto.** La semplicità con le persone che incontri, per poterle guardare negli occhi e dire: io e te siamo fratelli. La semplicità per dare vita ad un mondo nuovo, un mondo migliore, per far nascere qualcosa che superi la stessa aspettativa umana, per generare ciò che già è nel profondo di ognuno di noi profondo.

Se tu, io e tutti noi vivessimo nella semplicità daremmo vita a qualcosa di grande, di bello, di vero, di profondo, di sincero; avremmo generato quello che cercavamo da tanto tempo: "un mondo migliore".

Anche nel profondo del tuo cuore c'è sicuramente questo desiderio, questa ansia, questa voglia di essere te stesso, ma forse non lo sei ancora per opportunità, per le situazioni che si sono verificate o continuano a verificarsi intorno a te, non lo sei perché pensi che gli altri ti guardino, ti vedano, ti giudichino. Dobbiamo purtroppo, alle volte, mostrare volti che non ci appartengono, che nel nostro intimo non corrispondono a verità, per cui ci costruiamo castelli incantati che sembrano realtà ma di fatto non lo sono. Sono dei castelli che alla prima difficoltà si sgretolano, si autodistruggono, perche non hanno alcun senso, perché sono costruiti solo per gli altri, per le apparenze e non sono fondati su verità solide.

Ecco allora che ritorna il gran desiderio che nutriamo nel profondo del cuore: essere quelli che dovremmo essere, cioè creature semplici e innocenti, creature che sanno amare, creature che sanno donarsi, che sanno essere disponibili, che sanno essere comprensive, creature che vivono con naturalezza la loro vita, inserite nel contesto della propria storia, ovvero nel contesto del mondo che le circonda, creature di armonia e di pace.

Dunque, semplicità nella vita, semplicità in tutto, e in questa semplicità ognuno ritroverà se stesso, proprio perché ritroverà Dio.

Dio stesso parla di semplicità e la presenza di Dio si è sempre manifestata nella semplicità. La presenza di Dio vive di semplicità, essa è fonte e origine della semplicità. Dove c'è la semplicità, lì c'è Dio e quando l'uomo riesce ad incontrare la semplicità, riesce ad incontrare Dio stesso.

Ecco allora, ciò che tutti noi dovremmo fare: **riscoprire il senso vero della vita, il valore supremo ed unico per arrivare a incontrare Dio.**

Dovremo cercare lontano? Cercare chissà dove? No! Tutto questo è dentro di noi, qui nell'intimo del cuore. Scopriremo che dentro di noi c'è la verità e la stessa presenza dell'Altissimo è dentro di noi.

Cerchiamo lontano perché non ci rendiamo conto che tutto questo è in noi. Ecco dunque il primo grande impegno che dovrai assumerti: guardarti dentro, scoprirti nell'intimo, vivere dentro, essere te stesso nel più profondo.

Alla fine lasciati coinvolgere nell'avventura più esaltante: spendere la vita con semplicità.

Così in te nascerà l'uomo nuovo, il vero cristiano e vivrai la tua dimensione umana collegata a quella di Dio. Vivrai la semplicità che si mostrerà nelle tue opere e avrai l'inestimabile dono della pace, della gioia, della vita in abbondanza e contemporaneamente ne sarai il portatore, il dispensatore per l'umanità intera.

L'UOMO E LA FRATERNITA'

L'universo, il cielo, le stelle, la natura, il creato intero: tutto parla di Dio, di questo Dio d'amore che ha dato vita ad ogni cosa affinchè l'uomo fosse felice, affinchè avesse il pane quotidiano, affinchè potesse disporre dei frutti della terra e così vivere.

Questo Dio d'amore, vuole che l'uomo sia felice, che si senta oggetto d'amore e vuole anche che egli si scopra fratello, fratello di un Dio d'amore. Nel profondo del cuore di questo uomo vi è la capacità, la forza e il desiderio di aprirsi, di guardarsi intorno e di guardare lontano, guardare anche chi egli non conosce e inspiegabilmente sentirlo vicino, sentirlo amico, fratello anche se rimane uno sconosciuto.

Il desiderio di Dio che ogni uomo si apra all'altro uomo e, quindi si apra al bene, sappia tendere la mano e trovi un'altra mano pronta a stringere la sua, proprio perché in questa incontro vi è la fraternità voluta da Dio.

Fraternità è donare senza aspettarsi nulla, ma proprio nulla in cambio; fraternità è sapersi guardare intorno e saper vedere la parte migliore in tutte le cose create, in tutte le persone con le quali vivi. Saper scoprire in esse sempre il lato positivo, saper capire, saper guardare nel profondo, saper giustificare, saper perdonare.

La fraternità è uno dei più grandi doni che Dio fa all'uomo. Dio metterà nel cuore dell'uomo un fuoco che rivoluzionerà la sua vita a tal punto che non potrà più vivere senza considerare tutti gli uomini come fratelli e considerando la fraternità come il senso della sua vita, lo scopo della esistenza, il suo sostegno e il suo stesso destino.

Dio ha creato le cose in una perfezione tale da renderle tutte unite fra di loro. Ogni cosa dipende da un'altra e nessuna vive da se stessa, nessuna è isolata; anche la stella che brilla alta nel cielo e sembra essere sola, non lo è. Il suo percorso è regolato secondo il percorso delle altre stelle, così anche i fiori nei campi, gli uccelli nel cielo, gli animali…tutto il creato è regolato secondo il principio naturale di "vita insieme". L'erba per le pecore al pascolo, l'aria per gli uccelli del cielo.

Se nella natura c'è già dunque questa fraternità, c'è già questa collaborazione, perché noi uomini non dovremmo avere lo stesso principio, noi che siamo creature fatte a immagine di Dio, destinate all'eternità, destinate a ciò che è la cosa più grande, l'infinito, l'eterno, perché non ci aiutiamo, non ci amiamo, non collaboriamo, non ci dedichiamo agli altri? Perché pensiamo soltanto egoisticamente a noi stessi, alle nostre piccole cose che passano, alla nostra piccole storie, alla nostra piccola esistenza, a tutto quello cioè che diciamo essere nostro, ma in realtà non lo è?

Quanto siamo superficiali, quanto non capiamo e spesso non vogliamo capire! Nudi siamo nati e senza nulla partiremo da questa vita. Non abbiamo portato niente dall'al di là e nulla delle cose di questo mondo porteremo con noi.

Porteremo invece i nostri sentimenti, porteremo le nostre azioni, porteremo il bagaglio d'amore, di carità, di fraternità, se lo avremo avuto. Solo e soltanto questo bagaglio ci potrà aiutare nel cammino verso l'infinito.

Fratello, ricordati che non sei solo in questo mondo, ricordati che hai accanto tanti, tanti fratelli che possono essere per te fonte di gioia, fonte di amore, fonte di vita, fonte di amicizia.

Apri quindi la tua mente e il tuo cuore, spalancali affinchè dentro di te non ci sia indifferenza, non ci sia egoismo, non ci sia chiusura, non ci sia dubbio ma ci sia invece fraternità, ci sia la voglia di diventare per gli altri quasi pezzo di pane per farsi mangiare, per farsi consumare.

Ascolta! Questo invito non sono io che te lo rivolgo, ma è proprio il tuo Creatore e Signore che ti vuole così: felice, pieno di vita, in cammino insieme agli altri, affinchè si formi una sola ed unica grande famiglia, la famiglia dell'amore, la famiglia della fraternità, la famiglia di Dio.

Non pensare che queste siano soltanto belle parole oppure buoni sentimenti. No! Se fossero solo questo, non varrebbero nulla.

Sono parole di vita e debbono diventare sempre più vita vissuta, azioni di vita che io debbo attuare, che tu devi attuare, che ognuno di noi deve far esistere ogni attimo, ogni momento, ogni istante, per creare un mondo migliore, una umanità migliore, un universo migliore e soprattutto per non rendere vano quell'infinito Amore che Dio ha posto gelosamente dentro ognuno di noi.

CERCARE DENTRO

Guardarsi intorno è la cosa più importante per una persona. Cercare di comprendere cosa ti accade intorno o chi hai accanto, cercare di capire l'altro, il fratello che hai vicino e che forse ha bisogno di te.

Guardarsi intorno è un modo concreto per rispondere alla domanda di aiuto che ti viene rivolta, un aiuto che può essere dato in modo spirituale, che può essere fatto anche solo di una parola, di una parola di conforto, di sostegno, di incoraggiamento.

Alle volte basta un sorriso per cambiare una vita, per cambiare una storia; basta veramente tanto poco per trasformare un uomo e renderlo felice, renderlo capace di vivere realmente e profondamente la sua vita.

Ogni giorno che passa mi accorgo sempre di più che è possibile questa dimensione, ovvero che è tanto semplice da attuare eppure tanto poco attuata.

Quando incontro persone che aprono il loro cuore a me nel desiderio di dire tutto ciò che sentono, mi accorgo della profondità che c'è in loro, mi accorgo che a volte hanno in se grandi valori che non si riescono ad intravedere al primo incontro.

Spesso si guarda solo la parte esterna dell'uomo e coloro che alle volte vengono considerati come persone ignoranti, scontrose, persone inavvicinabili, in realtà non lo sono affatto.

Quando si riesce a far vibrare quella particolare corda che è nascosta nel profondo del cuore di ogni uomo, si scatena nell'intimo quasi un uragano, si è sommersi da una mare di sentimenti, di riflessioni, di sensazioni che esplodono nel più profondo meravigliando e riempiendo di stupore.

Tanti poi, arrivano addirittura nelle lacrime ad ammettere le proprie debolezze, i propri limiti, le proprie contraddizioni e quelle che sembravano sicurezze incrollabili, certezze senza possibilità di dubbio, crollano poichè in realtà erano solo apparenza.

Vi domanderete perché accade questo? In fin dei conti è l'esperienza di tutti, di ognuno di noi. Il mondo, alle volte, ci impone un certo comportamento, la società ci costringe ad un tipo di atteggiamento, proprio perché tutti fanno così, perché è conveniente, perché è la moda, perché è il momento, perché così deve essere…Tutto questo annienta il nostro intimo, annienta il nostro io profondo, annienta il vero uomo nascosto dentro ognuno di noi. Quando, invece, incontri qualcuno che riesce a toccarti il cuore, allora senti che vivi realmente e che tutto questo "apparire" non ha alcun valore e significato.

Abbiamo perduto questa dimensione di onestà intima, perché sia fra noi che nella nostra stessa vita, non c'è più un rapporto di reciproca comprensione e anche di semplice oggettività.

Corriamo, corriamo e non ci fermiamo mai ad ascoltare l'amico, non ci fermiamo a parlare nell'intimità; viviamo spesso i nostri giorni con una superficialità così fredda, distaccata, innaturale che i nostri rapporti non sono più quelli veri, non sono più quelli che dovrebbero essere.

Eppure tutti nell'intimo abbiamo il desiderio di un qualcosa di nuovo, di vero, di meraviglioso.

Abbiamo tanta sete e tanta fame di qualcosa di immenso e non sappiamo dove andare a saziarci o dissetarci. Non troviamo non perché non ci sia ; non troviamo perché non abbiamo guardato profondamente dentro di noi, perché ci siamo abituati a vivere ed essere come ci vogliono gli altri; abbiamo perso il senso di quanto è bello amare, donarsi, sorridere, parlare, scherzare, gioire, di quanto è bello liberarsi dei mille problemi di tutti i giorni e capire che si può essere felici con poco, anzi con quasi niente…

Fratello, anche dentro di te c'è sicuramente questo desiderio, questo fuoco che brucia, ma è soffocato ed ostacolato dalle tue mille domande, dai tuoi mille perché, dalle tue mille supposizioni e dubbi; è soffocato dalle tue ambizioni, da ciò che vorresti essere, ma non sei perché credi che …ormai non puoi essere liberato.

Liberarti da queste catene, liberarti da questa morsa che ti stringe e non ti fa essere felice, liberarti da ciò che ti rattrista e impedisce al tuo cuore di trionfare, di innalzarsi, di essere pieno dell'amore, pieno della grazia, pieno della vera felicità: questo è nel profondo il tuo vero desiderio.

Se lo farai guardandoti intorno, vedrai cose che prima non vedevi benchè ci fossero sempre state; vedrai fratelli da amare e a cui donare te stesso; i tuoi occhi riusciranno a vedere il bene, perché avrai un cuore nuovo e una mente nuova, **perché sarai un uomo nuovo e avrai sepolto l'uomo vecchio**, perché avrai debellato il male che era così radicato dentro di te e che aveva innestato profonde radici.

Ora, avendo estirpato e sradicato totalmente il male dal tuo cuore, puoi librarti nell'aria, puoi essere felice, puoi essere te stesso. La tua ricerca di pace, la tua ricerca di vita, la tua ricerca d'amore per essere vera e duratura dovrà partire soltanto dalla ricerca in te stesso.

Non dimenticarlo mai! Se vuoi trovare la felicità, devi guardare dentro di te: la felicità è già dentro di te, nel tuo cuore, nella tua vita, nel tuo più profondo.

Se vuoi la pace e l'amore, devi attingerle dalla pace infinita e dall'amore infinito che soltanto Dio ti dà e che ha già posto, fin dalla creazione, nel profondo del tuo cuore.

PERCHE' LA VITA

Quanti pensieri, quante riflessioni affollano la mente di un uomo, quando si ritrova da solo! Ed è proprio nella solitudine il momento propizio per pensare, per riflettere, per sentire in profondità…

La vita scorre, i giorni si susseguono veloci e fuggono a tal punto che quasi non ce ne accorgiamo. Passano i giorni, passano le settimane, passano i mesi, passano gli anni; passa addirittura la vita e quasi non riusciamo ad entrare in quella che è la bellezza della vita e non riusciamo a cogliere il senso stesso della vita. Pensiamo che il fare tante cose, il lavorare, il mangiare, il dormire, il giocare, accumulare denaro, mettere su famiglia, cercare di avere tutto, possedere tutto, in ogni attimo, in ogni situazione, con ogni mezzo…. sia lo scopo della vita.

Ma questo tipo di vita, che da soli,di fatto, ci costruiamo sia come azioni che come mentalità, ci rende infelici perché ci lega, ci fa schiavi di noi stessi e delle cose che ci incatenano, mentre la vita è "libertà" che vuol dire non avere padroni e non essere schiavi, vuol dire avere nel profondo del cuore sentimenti che si rivolgono verso tutti, vuol dire avere la capacità di vivere intensamente e con semplicità la propria vita.

Quanta gente spende male la vita e i giorni che Dio gli ha dato; quanta gente non assapora il più grande dono che il creatore dell'universo ha elargito, quanti non sanno addirittura cosa farsene della vita! Questo è il più impensabile, triste e oserei dire mostruoso agire dell'uomo poiché non si accorge della ricchezza che ha in se stesso e non se ne accorge perché è schiavo del suo io. Non si accorge e non si cura del valore della vita, e la butta, la spreca, quasi la disprezza.

Come siamo strani! Alle volte ci facciamo abbagliare dai cocci di bottiglia che, colpiti da un raggio di sole, luccicano, mentre non andiamo alla ricerca dei veri diamanti, delle cose preziose. Questo perché forse, non crediamo che possa esistere una vita di libertà, pensiamo che siano soltanto utopie.

La vita di libertà esiste realmente, ma perché esista bisogna innanzi tutto averla dentro, nel profondo del cuore. E' lì che nasce la libertà, è lì che vive la libertà, è da lì che sgorga la libertà, è da lì che parte la libertà. Se tu l'avrai nel cuore, ogni tua azione, ogni tua parola, ogni tuo pensiero, ogni tuo gesto, sarà di libertà, di vera vita, e saprai dunque amare, saprai perdonare, saprai capire, saprai vivere.

Quanta gente gira per le strade con il volto triste, quanti volti non sanno sorridere. Pensi che forse non vogliono essere felici? Sicuramente lo vorrebbero essere, ma non lo sono perché non hanno incontrato la strada maestra della felicità.

La cercano fuori se stessi, la cercano lontano, la cercano nel possesso delle cose, nella macchina ultimo modello, nella ricchezza, nella pelliccia, nella vacanza.

La cercano in tutto meno che in se stessi.

La vera felicità abita dentro, come la libertà anche l'amore. E' dall'intimo che nasce la vera vita, quel meraviglioso dono di Dio che è la vita di libertà.

A te fratello un invito forte e pressante: cerca la vita, cercala dentro di te. Non pensare che l'uomo sia una delle tante cose create e dopo l'atto creativo sia stato dimenticato dal creatore. L'uomo ha dentro di sé qualcosa di grande, di immenso, di sublime, di eterno; l'uomo ha un'anima destinata all'eternità.

Quando l'anima vive la sua giusta dimensione, quando l'anima palpita e vive profondamente nell'uomo, allora anche tutto il resto vive, tutto sorride, tutto è immerso nella felicità, nella pace. Se la tua anima sarà così allora sì che puoi essere libero e potrai dire qualcosa al mondo. E anche se intorno a te vedrai persistere i soliti soprusi, le solite cose di questa terra, e i soliti cocci di bottiglia luccicheranno, tu però saprai con certezza di aver trovato la vera perla preziosa, la verità che mai nessuno ti potrà togliere, proprio farà parte di te, perché sarà il tuo stesso essere.

Quando l'uomo trova la verità, la vita, l'amore, la libertà, trova Dio e non lo abbandona più, perché si accorge che è il suo tutto e senza di Lui non può più fare nulla e non può essere felice ed addirittura neanche esistere.

Fratello, ama, vivi, sii felice a abbi la pace dentro di te, per portare al mondo la fraternità, per sentirti ed essere fratello di tutti, amico di tutti; per essere l'uomo nuovo che dona al mondo il bene prezioso, che dona al mondo Dio, la felicità di Dio, la pace di Dio, la libertà di Dio, ma soprattutto il grande, immenso, amore di Dio.

I POVERI LI AVRETE SEMPRE CON VOI

Quante volte mi sono guardato intorno e ho visto la povertà. Quante volte mi sono guardato intorno ed ho visto fratelli con la mano tesa. Quante volte ho incontrato volti solcati dalla miseria, dalla sofferenza, dall'abbandono.

Quante volte mi sono domandato il perché di tutto questo e ho pensato che era un'ingiustizia, che era una cosa indegna per l'umanità.

Quante volte ho visto un volto illuminarsi e sorridere quando, dopo aver teso la mano verso di me, gli porgevo un pezzo di pane o qualche spicciolo di. Quante volte ho visto la sera tornare quegli stessi poveri nelle loro baracche, in luoghi invivibili per un essere umano e li ho visti tentare di ripararsi dal freddo, dalla pioggia, dal gelo coprendosi con miseri cartoni.

Quante volte guardandomi intorno ho visto queste scene di povertà, di miseria, di tristezza, di sofferenza, di abbandono, di solitudine e non ho saputo e potuto fare niente!

Noi siamo abituati alla nostra routine quotidiana, alla nostra ricchezza più o meno sostanziosa, al nostro vivere nell'abbondanza; siamo abituati a vivere comodamente, ad avere tutto e se qualcosa ci manca la desideriamo, la vogliamo, la prendiamo e così la otteniamo. Conviviamo bene con il nostro benessere e non ci poniamo affatto la domanda se anche gli altri stiano bene, se oggi hanno sulla loro tavola un pezzo di pane da mangiare, oppure se sappiano dove trovarlo o se abbiano il coraggio di chiederlo?

Fratello, chi vedi accanto a te? Chi incontri lungo la strada? Il povero che chiede l'elemosina, il profugo che ti cammina vicino, il barbone maleodorante, lo zingaro che ai crocevia chiede l'elemosina o va a rubare per vivere, l'extracomunitario che cerca lavoro per portare a casa l'indispensabile per vivere…

La riflessione che vorrei fare a me e a te è proprio questa: al di là delle terre lontane di missione, oltre i luoghi della grande povertà e miseria dove tutti sono poveri, anche qui accanto a noi due, nei nostri stessi ambienti, ci sono fratelli che hanno bisogno di un aiuto, di un sostegno. Essi non chiedono niente di eccezionale, non chiedono il superfluo per se stessi; hanno bisogno della cosa più semplice e più importante, hanno bisogno del pane che vorrebbero anche guadagnarsi, hanno bisogno di un lavoro, ma soprattutto hanno bisogno della mia e tua comprensione.

Il povero chiede di essere amico di qualcuno ed io e te, se vogliamo compiere un atto i vero amore, prima di dare il pezzo di pane, prima del lavoro, prima di qualsiasi altra cosa, dobbiamo dargli la nostra amicizia, il nostro sorriso, il nostro affetto.

Dare un pezzo di pane con freddezza di cuore, con distacco o con atteggiamento di superiorità è una cosa indegna dell'uomo.

Quel poco che possiamo fare, dobbiamo farlo con amore e con il sorriso; prima di riempire le mani di coloro che le protendono verso di noi, dobbiamo guardarli profondamente negli occhi e sentirli fratelli.

Fratello, entra per un attimo nella loro vita, immaginati per solo pochi minuti uno di loro: quanti sacrifici, quante sofferenze. Trovarsi in paesi stranieri dopo aver abbandonato tutto, perché non c'è speranza nella propria patria. Sentire il desiderio pressante di tornarvi un giorno per portare un sollievo di benessere ai propri cari, ai propri genitori, ai figli, alla propria famiglia.

Ora che ti sei per qualche momento immedesimato in loro, pensa a noi che viviamo nell'abbondanza e che non li degniamo di uno sguardo, di alcuna considerazione, anzi a volte, li guardiamo con disprezzo sopportando la loro stessa presenza.

Fratello, ti sei lasciato coinvolgere da queste mie parole, ora guardati intorno per accorgerti che esiste veramente chi ha bisogno, che esistono tanti poveri ed accorgiti anche che tu in confronto a loro sei esageratamente ricco.

C'è tanta gente che soffre a causa della povertà, ci sono tanti bambini nelle famiglie di profughi che non hanno nulla, ci sono anche tante nostre famiglie italiane che non riescono a vivere, ed anche se in un modo o in un altro trovano il modo per andare avanti, la loro è una vita grama, una vita triste, una vita piena di mille difficoltà, di mille dubbi e mille delusioni.

Per troppa gente che vive intorno a noi non c'è certezza del domani, non c'è una sicurezza, non c'è nulla; tutto questo crea uno stato di abbattimento e di solitudine per uomini e donne, giovani e meno giovani che spesso cadono nella disperazione.

Mi rivolgo a te Fratello con una preghiera: da oggi sappi guardare intorno a te e ama il fratello povero che incontri. Amalo come te stesso, porgi la tua mano a lui e riempi le sue mani di beni. Le cose che a te forse non servono, perché ne hai in abbondanza o anche quelle stesse che ti servono, condividile con lui perché tu e lui insieme siate felici.

L'universo e la terra con gli esseri viventi sono stati creati per tutti; il sole, le stelle e ogni cosa che esiste sono proprietà di tutti proprio perché Dio le ha generate per tutti in modo che tutti possano possederle singolarmente ma anche condividerle.

Fratello, con questi doni Dio ha mostrato il suo amore verso l'uomo, ha amato te così come ha amato e ama ancor di più il fratello povero.

Amalo anche tu questo povero che è accanto a te. Lui è GESU'!

LA PRIMA DOMANDA

Se guardi l'universo e tutto ciò che è in esso non puoi fare a meno di domandarti chi lo ha pensato, chi gli ha dato la vita.

Non puoi fare a meno di porti questa domanda, proprio perché le meraviglie che hai davanti: i colori, il cielo, i pianeti, le stelle, la stessa umanità esistono con tutta la loro perfezione e ti accorgi che, per quanto tu possa essere capace e originale, non sei in grado di dare la vita a tutto questo.

È giusto, quindi, domandarsi: chi ha creato il mondo? Chi è stato l'artefice di questo splendore, di questa meraviglia? Chi è stato a dare la vita a tutto questo? Chi ha pensato e ha modellato l'universo intero? Chi ha dipinto i colori dell'arcobaleno? Chi ha riempito la terra di creature? Chi ha seminato tanta bellezza? Chi ha generato l'uomo offrendogli tutti questi doni?

Un uomo onesto e retto dovrà inevitabilmente rispondere a questa domanda, perché è un domanda che impone una risposta.

Quando l'uomo si domanda chi lo ha creato, non pensare subito a qualcuno che di fatto lo supera, a qualcuno che è più di lui, che cioè sa creare con atto amando e sa donare, sa fare esistere senza chiedere qualcosa in cambio.

Si scopre allora che esiste "qualcuno" che ama e dona nell'amore e nell'atto del donare raggiunge e manifesta la sua felicità e la sua pienezza

Questa creatore, questo mistero ha un nome ed è anche scolpito nel cuore di ogni uomo: questo nome è Dio.

Dio il creatore delle cose, Dio il donatore di ogni grazia e di ogni felicità, Dio colui che da la vita e la toglie, colui che riempie l'infinito della sua presenza, Dio che ama senza limiti.

Un Dio che ama proprio te, Fratello, che ti ha amato da sempre perché il suo cuore ha palpitato d'amore per te fin dall'eternità. Egli ha pensato a te, così come ha pensato a me. Io non esistevo eppure ero già nel pensiero di Dio dall'istante della creazione; io che non valgo niente, ero già oggetto dell'amore di Dio, io che oggi esisto e domani non ci sarò più, sono stato voluto e amato da Lui.

E' proprio questo Dio che ha messo a nostra disposizione tutto ciò che ha creato. Ci ha messo a disposizione le cose che vediamo e tocchiamo così come quelle non percettibili ma pur sempre esistenti: il tempo, il ciclo delle stagioni, la terra, il mare e gli abissi. Addirittura ci ha messo a disposizione l'eternità.

Nella pienezza dei tempi questo Dio si è mostrato, si è fatto uomo e ha parlato, ed ha mostrato il suo vero volto: Padre d'Amore.

Fratello, forse queste domande te le sei già poste, forse a causa le vicende della vita che ti hanno talmente preso, ti hanno confuso e ti hanno distratto, non hai dato risposta alle tue domande e così non hai intrapreso la via della conoscenza della verità.

Avrai forse pensato a un Dio, come ad un qualche essere superiore, ma non ti sei dedicato alla vera ricerca di Lui, non sei andato a scoprirlo là dove è, non sei sceso nella profondità, non hai cercato di possederlo veramente, di conoscere la pienezza di tale verità.

La tua domanda ha avuto una risposta incompleta, è solo un inizio di risposta, forse ti sei detto: sì c'è qualcuno, ma….. chi è? Cosa vuole da me? Cosa posso fare per lui? Cosa chiede in cambio di questo suo amore?

Tu puoi rispondere o anche dimenticare la domanda iniziale ma questo atto d'Amore creativo ti interpella, ti coinvolge ed esige una risposta. Se non ti fermi un momento, se non rifletti, se non interiorizzi, non puoi rispondere.

Fratello ti invito dunque a fermarti, perché pensare, riflettere e contemplare, debbono essere le prime esigenze della tua vita.

Quando sentirai queste esigenze forti dentro di te, quando sentirai questa domanda che ti brucia dentro e ti invita ad una risposta, sarà giunto dunque il momento in cui Dio stesso bussa al tuo cuore e ti chiede di essere amato, di essere corrisposto nel suo amore.

La tua vera risposta a Dio sarà dunque una risposta di fedeltà. Fede che vuol dire fiducia, abbandono. Fede che vuol dire credere e fidarsi. Fede che vuol dire avere la massima, piena disponibilità verso questo Creatore dell'universo, verso questo Dio che ama a tal punto da non badare ai tuoi peccati ed ai tuoi limiti.

La tua risposta sarà una fede grande, profonda e sincera.

Inizierai a credere fermamente, a innestare la tua vita nel Suo cuore d'amore, a donarti a Lui e, di riflesso, al prossimo. Inizierai a conoscerlo intimamente per amarlo sempre di più.

Il Dio dell'amore vuole essere pienamente conosciuto e riempie l'anima di pace, di felicità, di tutto se stesso.

Se Dio sarà in te, tu diventerai una nuova creatura, perché Egli pensa a te, abiterà in te e vivrà sempre accanto di te.

COERENZA DI VITA

La vita può essere vissuta in mille modi: giorno per giorno, senza preoccupazioni, oppure la si può vivere vivendo solo se stessi o ancora la si può sprecare o, invece, vivere intensamente e profondamente.

Ognuno di noi può decidere con consapevolezza cosa farne della sua vita, come comportarsi, come pensare, come essere e di riflesso, come vivere.

Quando nella vita vi è carenza di un'ideale di fondo, un perché, un senso che illumini il tutto, la vita si presenta scialba, insignificante, sbiadita, non vera. Non vale la pena di essere vissuta perché è una vita che ha perduto il suo significato e non genera gioia.

Il senso della vita, la ricerca della vita, il valore della vita, sono la dimensione più bella, più grande, più vera e più desiderata dall'uomo. La storia di ognuno di noi ci fa capire il grande dono che Dio ha fatto all'uomo: i giorni, i mesi, gli anni, il tempo che passa, ma anche la stessa eternità che arriva, l'avvicinarci sempre più a Lui, al sommo, unico grande Bene, a Dio onnipotente ed eterno, sono atti creativi e atti d'amore di Dio.

Quindi per l'uomo è doveroso vivere la vita con saggezza, vivere la vita con la gioia di viverla e con la certezza di lasciare qualcosa dopo di noi, sicuri che non finisce tutto, sicuri che al di là della nostra dimensione di uomini, al di là della nostra esistenza, al di là della nostra stessa morte, noi continueremo ad esistere tramite le azioni d'amore compiute, l'esempio, le parole. Rimarremo scolpiti nel profondo del cuore di tutti quelli che avremo avuto accanto, che avremo incontrato e che hanno formato la nostra famiglia umana.

Vivere la vita con saggezza significa dunque non rattristarsi, non demoralizzarsi, non chiudersi in se stessi; vivere la vita con saggezza, significa non far passare le cose di questa storia umana e terrena, che finiscono, per quelle che in realtà non sono, ovvero cose essenziali, importanti, indispensabili. Cose vere, ma che non sono la Verità fondamentale tanto da essere desiderate bramosamente, ricercate a tutti i costi ed amate sopra ogni cosa.

Penso in questo momento a quelle persone che non credono ad una vita così, che non cercano dentro di loro le vere gioie, che non cercano di vivere "guardando lontano". Immagino quanto sia triste il loro cammino, perché non sanno guardare oltre se stessi, non sanno pensare al di là di se stessi, non sanno profondamente amare, non sanno vivere!

Diventare uomini saggi e giusti, crescere in questa saggezza è il primo dovere degli uomini. Il fondamento nel cammino di ogni giorno è: cercare la verità, andare ad attingere alla sorgente della verità, cercare quindi la verità ed accorgersi di averla scoperta nelle cose semplici come in un tramonto, in un cielo stellato, in un fiore del prato o in tutto l'immenso creato in cui Dio ha posto se stesso.

Fratello, questa è la strada che desidero oggi indicarti, la strada della coerenza. Forse non hai riflettuto abbastanza su questa parola: "coerenza"; ma se dentro di te senti questo sentimento, questo desiderio di pace, di amore, di verità, di giustizia, questa ansia di un ideale grande da vivere, devi anche sentire l'urgenza della coerenza nella tua vita.

Ciò in cui credi, tu devi vivere, ciò che tu dici, tu devi fare, ciò che dici di amare tu devi amare.

È bello vedere un uomo coerente, saggio, giusto, leale, onesto; è bello incontrare un uomo che può guardare gli altri nel profondo degli occhi e del cuore senza dover abbassare il suo sguardo, perché nella sua mente, e sulle sue labbra non c'è mai stato e mai ci sarà il male.

E' bello camminare accanto ad un uomo nel cui cuore c'è Dio, perché egli vive nella verità e nella giustizia, perché sa soltanto amare, sa soltanto capire, sa soltanto andare incontro all'altro.

Beato quell'uomo che ha trovato la Verità, beato l'uomo che abita insieme alla giustizia, beato quell'uomo che ha le mani ripiene di opere d'amore; beato l'uomo che sa soffrire con chi soffre, sa gioire con chi gioisce, beato l'uomo che sa vivere intensamente la vita che Dio gli ha dato.

MORE FRATERNO

Se guardiamo dentro di noi, nel nostro cuore, nel nostro intimo, se restiamo un momento soli a pensare, ci accorgiamo che nel profondo di noi stessi abbiamo tanto desiderio d'amore. L'amore che è tutto, l'amore che è il senso della vita, l'amore che è il significato stesso dell'universo.

Dio ha creato l'universo per amore e con l'Amore, le meraviglie dell'universo generate dall'amore, Egli ha creato la natura, il cielo, le stelle, il sole, i pesci del mare, i fiori, gli insetti, l'erba con l'Amore e questo amore prende forma, sostanza, l'Amore stesso diventa creatura umana.

Dentro di noi, scopriamo che l'esigenza più grande è quella dell'amore, è quella di ricevere amore, di essere amati, di essere oggetto d'amore; e quando ci accorgiamo che qualcuno ci ama, siamo ricolmi di gioia, di felicità, quasi diventiamo altre creature, perché ci accorgiamo che dentro di noi l'amore genera un significato nuovo alla vita, addolcisce il cuore. L'amore rende disponibili, aperti, generosi. L'amore fa diventare l'uomo sensibile, attento, accorto, lo fa commuovere per le piccole cose; basterà poco per poter toccare il suo cuore quando questo è pieno di amore.

Allora mi domando: se lo desideriamo per noi questo amore, se lo sentiamo come esigenza per noi, se lo vogliamo, perché non dovremmo anche darlo? Perché non dovremmo aprire il nostro cuore agli altri? Perché non dovremmo mostrare il nostro amore per gli altri?

Al di là delle situazioni, al di là dei rapporti interpersonali, al di là delle parole, al di là del conoscerci o non conoscersi è bello vedere il nostro amore che si dona, l'amore che riempie la tua vita e quella degli altri. L'amore da senso alla tua e alla storia di tutti.

L'amore dovrebbe essere il rapporto privilegiato fra gli uomini e fra le creature, proprio perché se io ho amore verso di te, sarò comprensivo, benevolo, buono; saprò anche accorgermi di quando ti trovi in difficoltà, perché l'Amore mi impedirà di penare soltanto a me stesso.

L'amore non è mai egoista, l'amore è sempre altruismo, l'amore è donazione e quindi, con l'amore con cui saprò accoglierti, saprò capirti, saprò comprenderti ed io stesso crescerò nell'Amore.

Con l'amore incondizionato inizia un rapporto vero, inizia una comprensione misteriosa e profonda che supera ogni rapporto umano. Immagina io e te viventi nell'amore; successivamente noi due e tutti gli altri in un contagio universale d'amore, in una dimensione profonda di disponibilità, di carità, di amicizia, di affetto.

Tutto questo può essere generato dall'amore, un amore fraterno che, quando riempie il cuore di qualcuno e trova un cuore che si fa amare, produce frutti impensabili e meravigliosi, cambia addirittura la storia.

Pensa allora a grandi figure, come ad esempio, Madre TERESA DI CALCUTTA. Cosa era? Apparentemente nulla, quasi insignificante, ma quando il suo cuore si è riempito d'amore per i più poveri, i più abbandonati, i più miserabili, è diventata grande perché ha saputo amare nel modo vero, profondo, e totale.

In questo momento io ho paura per te, ho paura per il tuo cuore, perché forse questo tuo cuore l'hai reso insensibile, forse a causa dei tanti problemi o preoccupazioni tu ti sei chiuso, sei diventato egoista, hai pensato soltanto a te, alla tua vita, alle tue cose, e hai precluso a te stesso quella la dimensione più grande: l'amore.

Tu non riesci ad amare, e tu ti illudi che quei sentimenti occasionali che provi, siano amore. Essi sono solo un surrogato spesso insignificante dell'amore, perché non sono atti di generosità, di altruismo, di donazione; non sono fatti in nome di "qualcuno" che per primo ti ha amato, ma solo per il tuo interesse e il tuo momentaneo appagamento.

Ebbene, Fratello, io ho paura per te, ho paura per la tua vita, non tanto per questa vita perché bene o male vai avanti ed esisti; ma ho paura per la tua vita eterna. Perché? Perché un giorno tu dovrai rendere conto di quanto hai amato e non amato; tu dovrai rendere conto di ogni attimo della tua vita, di come l'hai spesa, se amando o odiando, se per te o per gli altri.

Ascolta Fratello, ti invito ad aprire il tuo cuore, ti invito ad aprire la tua vita all'Amore vero, a quello di Dio, perché tu possa vivere la tua esistenza felicemente e il tuo cuore possa palpitare nel profondo e conoscere e vivere il vero Amore per poi contemplarlo, possederlo e goderlo per sempre in Paradiso.

BEATO L'UOMO...

Alle volte non si sa cosa dire oppure ci si sente un po' confusi. Forse sarebbe meglio tacere, sarebbe meglio cercare con semplicità nel silenzio le risposte alle tante domande che si hanno dentro, che si hanno nel cuore e nella mente.

Quando non rifletto, mi accorgo che non riesco a capire me stesso, non riesco a collocarmi in quello che è il mondo che mi circonda, non riesco a conoscere e riconoscere il ruolo che rivesto sia dentro che fuori di me, perché mi sembra che mi manchi tutto. Non le cose concrete, ovvero le cose materiali, ma quelle di cui più profondamente si ha bisogno, quelle senza le quali si vive male, senza le quali la vita diventa un peso, un assillo, una catena insopportabile,

Mi rendo conto giorno per giorno che, se riesco a conquistare questa dimensione nell'intimo, affronto la vita in un modo diverso; affronto con spirito diverso i problemi, le preoccupazioni e le cose che non vanno.

Allo stesso modo, quando dentro di me non so amare, quando non ho amore, allora mi sperimento povero, mi sperimento triste, infelice, vuoto. Mi manca tutto quello che mi serve. Potrò avere anche le più grandi ricchezze materiali, potrò possedere tutte le cose di questo mondo: potenti autovetture, villa al mare, vacanze, una bella casa, ma.... se non so amare a cosa mi servono? Mi rendono la vita soltanto ancora più triste, ancora più solitaria, proprio perché dentro di me non ho questo amore che brucia, non ho questa fiamma che mi consumi.

Con il vuoto dentro, guardando chi mi è accanto, so vedere solo degli avversari, dei nemici, dei rivali. Perché non posso vedere dei fratelli da amare, da salutare, con i quali sorridere, gioire, piangere, con i quali condividere la stessa vita?

Ecco cosa farà colui che ha nel cuore pace e amore: dona la vita, si apre alla vita, vive la vita e fa del tutto perché anche gli altri sperimentino la bellezza e la meraviglia della vita. Egli vive e condivide insieme!

Beato l'uomo che dà la vita, beato l'uomo che sa amare, beato l'uomo che sa guardare i fratelli che lo circondano e sa amarli, sa dedicarsi loro, sa condividere tutto con loro.

Beato l'uomo che, aperto nel cuore e nella mente, sa gioire con chi gioisce, e piangere con chi piange.

Beato l'uomo che non pensa a se stesso che non è egoista, che non è attaccato ai beni di questa terra.

Beato l'uomo che sa guardare lontano, che sa rendere felici gli altri, che sa perdonare.

Beato l'uomo che sa donare e donarsi a sua volta senza riserve, senza condizioni, senza limiti, perché egli vive e vuole che il dono della vita che ha avuto da Dio, sia intensamente vissuto.

Beato l'uomo che presentandosi al cospetto dell'Altissimo potrà dire: "Signore, guarda le mie mani: non vi sono ricchezze della terra, non cose che finiscono, ma sono piene di atti d'amore, di carità e di fratelli.

Ho cercato di rendere felici i miei fratelli, ho fatto qualcosa per loro e tu, Signore, hai sicuramente accolto questo dono e nella tua bontà e provvidenza non puoi fare a meno di apprezzarlo, perché io, Signore, ce l'ho messa tutta anche se con le mie incapacità, con le mie infedeltà, con il mio essere niente.

Ce l'ho messa tutta Signore! Allora accetta il mio dono, accetta il mio nulla, accetta il mio amore e fa che diventi grande come il tuo".

LA BONTA’

Vivere insieme agli altri è sempre un momento privilegiato di confronto per ogni persona. Io e te viviamo l’uno accanto all’altro: io con il mio datore di lavoro, io con la mia famiglia, io con l’uomo della strada e con ognuno di loro mi devo confrontare, perché devo sempre incontrare l’altro e, in un certo senso, rapportarmi costantemente con lui.

È chiaro che tutto dipende da come voglio “vedere” l’altro. Se lo vedo come un nemico, un avversario, un rivale, come un pericolo alla mia vita o alla mia esistenza, oppure se lo vedo come amico, come una persona con la quale posso condividere tutto, verso la quale posso rivolgermi fiducioso con la certezza di averne contraccambio, la sicurezza di essere aiutato e anche di aiutare a mia volta.

Molto, in questi rapporti e in queste relazioni, dipende proprio da me, da come io mi sento verso gli altri, da quali sentimenti e considerazioni ho nel cuore verso gli altri. È chiaro che, se non voglio avere nulla a che fare con gli altri, se non voglio addirittura avere qualcuno accanto, di fatto non avrò relazione con nessuno perché io non la avrò voluta. Ma anche se il mio comportamento fosse egoistico, inevitabilmente entrerò in relazione con gli altri: sarà una relazione egoistica, ma sarà pur sempre una relazione.

L’uomo invece che sa parlare con tutti, che sa essere disponibile verso tutti, che sa guardare con fiducia tutti, è un uomo che ha dentro una grande apertura, è un uomo che ha nel cuore la bontà, la disponibilità, il desiderio e la voglia di veder crescere l’umanità.

L’uomo che nelle sue azioni si dimostra buono, è un uomo che non dovrà mai rimpiangere questa sua bontà. Essa sarà così chiara e evidente in ogni parola, azione e situazione, che tutta la sua vita diventerà un atto di bontà e coloro che guarderanno quest’uomo che compie atti di bontà lo guarderanno con ammirazione.

Apparentemente sembra che non sia così, apparentemente sembra che la considerazione del mondo verso chi compie il suo lavoro, chi è onesto, buono, disponibile, aperto, comprensivo, sia una considerazione negativa, quasi di disprezzo. Viene quasi considerato incapace perché non è come tutti gli altri: non è violento, non è arrogante, non è truffatore, non fa i suoi interessi, non pensa solo a se stesso.

Ma in realtà non è così ! E’ la prima impressione, è la prima parola detta, detta per chi ti sta a sentire, detta per far credere di essere superiori e autosufficienti, ma nel profondo non è così.

Nel profondo di ogni uomo, che guarda un altro che compie opere di bontà, c’è ammirazione, quasi un sentimento di gelosia; perché lui è capace ed io no, lui sa donarsi e rendere felici gli altri ed io invece no.

L'uomo buono non si pentirà mai delle sue azioni. L'uomo che ha nel cuore la bontà, cammina sempre con la testa alta, con il cuore limpido, e può guardare negli occhi tutti perché sa di essere retto e onesto; non ha paura e soggezione di alcuno, perché non si preoccupa di piacere a questo o a quello.

L'uomo buono, retto e onesto cerca soltanto di piacere a Dio. E tutta la sua vita è una continua ricerca proprio di questo "piacere" a Dio e tutto il suo sforzo si concentra nella imitazione di Dio.

Credo che nel profondo del cuore di ogni creatura, anche di quella che apparentemente sembra la più incallita nel male, la più indurita nel peccato e la più lontana da Dio, c'è la bontà.

E' una bontà che deve emergere, deve maturare, deve esplodere, deve ancora farsi vedere. Troppo spesso l'uomo diventa cieco e contagia con la sua cecità le cose del mondo; l'uomo ha bisogno di ritrovare la luce giusta per vivere nel mondo, e questa luce è la bontà.

LA VERA PACE

Guardare la natura che ci circonda e vederla così bella, così splendida ed accorgersi della sua perfezione, della delicatezza dei fiori, del volo degli uccelli; guardare tutto quello che ci circonda può essere proprio la più vera e profonda riflessione che aiuti l'uomo a crescere.

Immagina per un solo momento tutto questo spettacolo della natura, la sua perfezione, lo splendore, la bellezza, pensala per un attimo non più esistente: guarda il verde non più verde, gli uccelli e gli insetti non più veri, non più vivi; immagina il cielo non più cielo, le stelle non più stelle. Guarda "la morte" in tutto il creato.

Il creato è vita ed essenzialmente vita! Sforzati di immaginare contemporaneamente sia tutto ciò che ci circonda che l'assenza del tutto. Se vi sei riuscito hai capito cos'è la morte.

Nelle stesse piccole cose della natura, anche nelle cose più insignificanti, o invisibili, esistono delle leggi, dei rapporti naturali, semplici ma essenziali.

Sono rapporti che vengono rispettati proprio per la legge di natura, perché così è e così è normale che sia. Non vengono poste mille domande, mille perché, mille considerazioni, non ci si lascia prendere da mille affanni o da mille problematiche, c'è soltanto un: " è così per natura".

Ebbene, se nella natura esistono questi elementi e queste leggi, possibile che non esista una legge naturale anche nel rapporto dell'uomo verso l'altro uomo? È possibile che non esista un modo di vivere che sia naturale nell'uomo e che l'uomo debba per natura attuare?

Anche per la vita dell'uomo c'è questa legge naturale. Per l'uomo, vivere secondo i principi dell'umanità, vuol dire amare, comprendere, fraternizzare, avere sentimenti di affetto, amicizia, di pace.

Umanità vuol dire tutto questo. Non possiamo pensare, quindi, ad un'umanità in lotta. Non possiamo pensare contrasti che durino tutta la vita. Non è naturale pensare all'odio, alla rivalità, al rancore, alla guerra come costante esperienza di una vita. Gli uomini che si fanno guerra, sono uomini fuori della loro natura, fuori dalla loro intima verità, fuori dalla loro stessa dimensione umana.

L'uomo non è fatto per odiarsi, non è stato pensato per distruggere se stesso e gli altri, non è stato creato per disprezzare e odiare.

L'uomo è stato pensato per amare, per condividere, per vivere serenamente la propria vita in pace con tutti. E' stato pensato a immagine e somiglianza di Dio.

" Io sono la pace, dice il Signore, chi vive in me avrà la pace. Venite a me voi affaticati e oppressi ed io vi ristorerò, riempirò il vostro cuore di pace: la mia pace è duratura, no è come quella che da il mondo ".

La pace di Dio non è frutto di contratti umani, non nasce da accordi tra gli uomini sottoscritti e poi cancellati. La pace di Dio è scritta nell'eternità. La pace che Lui ci da è quella vera, quella che dura per sempre.

Fratello, la pace la devi avere nel cuore, dentro di te. Non ti aspettare di vederla realizzata fuori di te se non l'hai dentro. Se il tuo occhio è cieco tu agirai da cieco e se dentro di te non c'è la pace non esisterà pace intorno a te.

Se sei guidato dall'odio o dal rancore, se dentro di te c'è questo germe di male, intorno a te sarà tutto odio e rancore. Se vuoi la pace dentro di te, nel profondo del tuo intimo, devi permettere a Dio di piantarla, e tu devi coltivarla, devi farla crescere, devi permetterle di portare frutto.

"Pace in terra agli uomini di buona volontà" questo fu l'augurio degli angeli rivolto ai pastori quando Gesù nacque sulla terra. Pace a te, Fratello, io e te insieme possiamo far crescere questo mondo, possiamo aprirci al mondo, possiamo guardare lontano. Io e te possiamo veramente crescere se vivremo nella pace, una pace nata dall'amore e dal perdono. Tutti siamo bisognosi di pace e di perdono.

Gesù disse:" chi è senza peccato scagli la prima pietra" e tutti, cominciando dai più vecchi, se ne andarono.

Nessuno alzò la mano contro la donna adultera. Se ci accorgiamo di essere peccatori bisognosi di questa misericordia, di questo amore, di questa pace, allora perché anche fra di noi non viviamo questa pace? Perché, dunque, viviamo in modo così innaturale?

Perché non facciamo esplodere l'amore che è dentro il nostro cuore, perché non farlo palpitare indistintamente per tutti, perché non superare le barriere, i confini, i limiti, i pregiudizi che ci impediscono di vivere in pace? Perché non liberare mente, cuore, labbra, anima, vita, mani, piedi, braccia e tutto il nostro essere, dal male, dall'egoismo, dalla cattiveria, dai rancori, dalla calunnia e dalla violenza?

Perché non dobbiamo fare questo passo? Un passo di felicità. Con la pace tutto è possibile, con la guerra tutto è perduto.

Fratello, cerca la pace, desidera la pace, ma soprattutto, vivi la pace.

L'AMICIZIA

Amicizia. Cosa vuol dire? Amicizia forse vuol dire amore, comprensione, affetto, disponibilità, sorriso, profondità. Amicizia vuol dire, in una sola parola, forse tutto. Amicizia che si dona, amicizia che riempie la vita, amicizia che ti è sempre accanto.

Un vecchio proverbio dice :" chi trova un amico, trova un tesoro". In realtà non è un tesoro di questo mondo, è un tesoro nella profondità; non è un qualcosa che ha valore perché lo puoi sfruttare e usare a tuo piacimento, ma quando trovi l'amicizia, quella vera, sincera, la puoi soltanto amare.

Vi sembrerà strano vedere accostate queste due parole: amicizia e amore. Ma in fine dei conti che cos'è l'amore se non il donarsi e il condividere tutto? E l'amicizia, anche se con toni, modalità ed espressioni diverse, è ugualmente donarsi e donare tutto. Se non fosse così, neanche Dio avrebbe donato tutto se stesso.

Gesù nel Vangelo dice una parola meravigliosa: " io non vi chiamo più servi, vi chiamo amici". E alla luce del Vangelo questa parola, questa realtà nuova dell'amicizia, acquista un senso ed un valore veramente grande, immenso, infinito, quasi eterno.

L'amicizia di Dio per me! Io amico di Dio! Che grandezza, che meraviglia sentirsi amati a tal punto! È chiaro che se io mi accorgo di questo, cioè di questo amore-amicizia, di questa immensa disponibilità, di questo totale perdono, di questo illimitato affetto, di questa misericordiosa comprensione che Dio ha per me che è la Sua amicizia ; se mi accorgo che Lui per amicizia addirittura mi dà la vita, è chiaro che non posso rimanere insensibile davanti a tale offerta di amicizia, non posso non corrisponderla, non posso rimanere impassibile e non reagire, senza dare una risposta.

Come è possibile che questa amicizia non ti contagi, che non ti tocchi nel profondo del cuore? Puoi rimanere impassibile di fronte ad un'amicizia che si dona a te o ad un amico che dona la vita per te?

Dio stesso dà la vita per te e ti chiama amico!

Fratello, come puoi non rispondere, non reagire, non ridonarti? Come puoi non permettere a questa amicizia di riempire la tua vita e non condividerla con chi ti è accanto?

Perché dentro di te si innalzano barriere, ostacoli, muraglie e confini, quando invece la vera amicizia ti proietta in un mondo universale, in un mondo dove incontri l'intera umanità?

L'amicizia può essere l'elemento unificante di ogni uomo, di ogni creatura, di ogni popolo, di ogni nazione, in tutto l'universo.

L'amicizia è tutto e senza l'amicizia non c'è vita. Chi non ha amici non vive, quasi non esiste, perché non condivide niente con nessuno, perché tutto quello che fa, che dice, che è, lo è per se stesso.

L'uomo è fatto per aprirsi, per donarsi, per essere disponibile, per andare incontro all'altro e non per stare solo con se stesso, chiuso in se stesso e vivere per se stesso. L'amicizia è il più grande dono che si riceve e il più grande dono che si fa.

Desidererei che questo sapore dell'amicizia, scendesse nel tuo intimo, nel tuo profondo, affinchè ti possa domandare se hai amici, se tu stesso sei amico e se sai essere amico.

L'amico non tradisce, l'amico non abbandona, l'amico sa stare silenziosamente accanto.

Fratello, sono sicuro che dentro di te senti questa esigenza, questa voglia di avere accanto un tale amico, ma forse non l'hai ancora trovato, l'hai forse cercato ma non individuato.

Sai perché non l'hai trovato? Perché ancora non ti sei liberato di ciò che ti impedisce di guardare gli altri come amici. Devi, prima di tutto, liberare il tuo cuore dai preconcetti, da tutto ciò che è negativo, dalle cattive considerazioni sugli altri; devi essere veramente libero di poter guardare in faccia l'altro, di poter amare l'altro, di condividere la gioia e il dolore dell'altro, di spezzare il pane dell'abbondanza o della miseria con l'altro, di essere vicino all'altro in ogni momento.

Quando avrai fatto questo grande passo, allora avrai trovato la vera amicizia. Sarà il mondo intero ad esserti amico: ogni creatura, anche se non la conoscerai, sarà tua amica, perché saprai vedere negli altri il bene, perché saprai scoprire negli altri la parte migliore, e saprai che vale molto, quello che hai trovato.

L'amicizia sa capire e sa perdonare. Anche Dio con la Sua amicizia ha amato me e te in modo immenso ed infinito.

LA FEDE

Guardarsi intorno è la cosa più naturale e facile da fare ed è bello scoprire che c'è qualcosa da vedere, da scoprire, cioè che giorno dopo giorno ci sono sempre cose nuove da vedere e da scoprire, cose che ieri non riuscivo a vedere e non capivo e che forse domani saranno ancora diverse e sempre nuove.

E' bello pensare a questa crescita sia umana che sociale, culturale, spirituale ed interiore che l'uomo fa già con il suo stesso vivere quando si guarda intorno e scruta l'universo; quando si scopre creatura nel creato e non può fare a meno di alzare lo sguardo verso il cielo, e ….. perdersi in esso. Quando si accorge che lui e il suo cuore sono orientati verso l'alto e che il creato è sì bello, meraviglioso, splendido, perfetto, ma il suo anelito più profondo è sempre verso...l'alto, il più alto ancora, il cielo.

E' attratto verso il cielo infinito, verso l'Essere Supremo, il Dio Creatore e Signore di ogni cosa creata.

L'uomo si sente così attratto verso il cielo che non in nessun caso fare a meno di pensare al cielo, ed anche se è immerso nella vita di tutti i giorni, nelle sue problematiche, nella sua esistenza alle volte difficile e complessa, il suo cuore è lassù.

Quell'uomo si trova di fronte a ciò che anela vedere per sempre, a ciò che desidera amare per sempre, si trova al cospetto di Dio, al cospetto del suo Creatore e Signore e sente nel cuore quell'ardore, quella fiamma che ti brucia dentro quando ami profondamente e desideri consumarti in quella fiamma.

Quella fiamma d'amore è la Fede.

E' Fede quando ti abbandoni e ti fidi di qualcuno nei momenti più difficili e sconvolgenti della tua vita.

E' Fede quando, fidandoti, senti scendere nel tuo cuore la pace che nasce dalla certezza di non essere solo, tradito o abbandonato. Sei sicuro, senti fortemente che non sei solo nella battaglia, ma che un altro ti è accanto.

Non sei abbandonato ai flutti e ai venti della storia e della collera umana, ma una luce misteriosa e forte illumina tutto intorno a te e ti riempie di pace.

Quella certezza, la fede, che nel tuo cuore sembrava essere solo tua proprietà, ora diventa una luce per tutti; illumina l'universo, illumina l'umanità.

La Fede che alle volte tu senti in te nascosta, sofferta, umiliata, è una fede che può contagiare gli altri, che può chiarire la storia di chi ci circonda e far vedere la strada da percorrere fino alla consapevolezza della propria eternità.

La Fede può diventare, quindi non solo la tua forza, ma la forza di tutto il creato. Fede che vuol dire fiducia, vuol dire abbandono, speranza. Fede che vuol dire credere fermamente, aderire totalmente, abbandonarsi con fiducia quasi (e sto dicendo una cosa umanamente assurda) non esistere più per se stessi.

Non è un atteggiamento nichilista, non un annientamento passivo, una voglia di distruzione, no, ma è un atto di grande certezza poiché deponi la tua vita, la tua storia e tutto te stesso nelle mani di Colui che, Unico, può dare un senso ed un significato al tuo esistere.

Chi può allungare di un solo giorno la sua vita? Tutto dipende da Dio, dalla Sua Provvidenza misericordiosa, dal Suo amore.

La fede quindi, si trasforma nel mio atto d'amore per il mio Dio. In Lui mi perdo, perché di Lui mi fido. In Lui mi ritrovo perché il Suo amore mi ha rigenerato.

Anche lo stesso creato, in un certo senso, ha fede in Dio; le cose create, dagli uccelli del cielo, i pesci dei mari, agli animali della terra e tutte le creature, rispondono al proprio Creatore seguendo la legge della loro specifica natura. Non è di certo un atto di Fede volontario e libero, ma è la strada che ognuna di loro segue in quanto è la strada a loro assegnata e che naturalmente porta ogni creatura ad essere se stessa ed a vivere il proprio esistere nella felicità e nel dono totale.

Se questo è valido per le cose create che non hanno coscienza riflessiva di se stesse, perché non dovrebbe essere lo stesso e con la maggior valenza anche per l'uomo?

L'uomo ha in se una cosa ancora più grande: la intelligenza. La possibilità quindi di capire, pensare, riflettere su se stesso e sulla sua storia. Possibile che questo uomo non riesca a vedere con chiarezza che la prima via che lo porta a Dio è proprio la sua stessa natura, il suo stesso atto di esistere ed il suo riflettere, il suo pensare? Possibile che l'uomo con intuisca che tutto il resto deve essere costruito su questa base e che senza tale base di Fede nulla esiste di certo, duraturo e valido?

L'uomo deve arrivare a scoprire il progetto che il Creatore ha su di lui. Alle volte però è l'uomo stesso ad offuscare, cancellare ed addirittura distruggere consapevolmente ma anche inconsapevolmente, questo progetto di Dio su di lui.

Fratello: mi rivolgo a te. Sono sicuro che nel tuo cuore c'è fede, ma devi avere una fede ancor più grande, una fede di certezza totale, una fede quasi cieca che si abbandoni.

Fidati del tuo Signore, del tuo Creatore. Fidati di Dio!

Nella prosperità e nelle prove, nella gioia e nelle tribolazioni, nelle ingiustizie e nei soprusi che tu subisci ogni giorno, sappi vedere sempre che tutto questo concorre al tuo bene, alla tua crescita al tuo diventare sempre più una nuova creatura.

Guarda lontano, ma veramente lontano.

Da questa vita volgi il tuo sguardo alla vita che dura per sempre, fidati, abbandonati perché la Fede di darà la pienezza di Dio.

L'ATTIMO FUGGENTE

Oggi è già passato e anche domani passerà...una settimana, un mese, un anno, una vita, tutto passerà. Guardando a ritroso sembrerà chissà quanto tempo sia passato, ma in verità è stato solo un attimo.

Non riesco a pensare a questo giorno guardandolo tutto nello stesso attimo, ma in fin dei conti un giorno è solo un attimo. Anche la vita, se vogliamo, è un attimo e l'accorgermi che l'attimo è così fuggente, così impercettibilmente sfuggente, alle volte mi mette un po' di timore perché il tempo che passa non torna più.

Dunque il tempo che utilizzo per cose inutili, per cose insignificanti, senza valore o senza senso, è un tempo che non potrò più recuperare, è un tempo speso male, è un tempo perduto. Il tempo invece donato ad un amico, che ha bisogno di un po' di compagnia o un po' di ascolto, è un tempo prezioso perché è un tempo d'amore, perché è un tempo in cui quell'attimo, anche se è passato, rimane. Rimane nel cuore di chi ha ascoltato, nel cuore di chi ha sperimentato la tua disponibilità, di chi ha percepito intensamente questo tuo amore.

È triste accorgersi che il tempo passa, è triste accorgersi che si era giovani e che man mano si è diventati adulti, poi vecchi, stanchi, ammalati ed infine .... nulla più. Il tempo che passa non deve portare alla disperazione.

L'accorgersi che si cammina sempre in avanti è una delle cose più importanti, perché quell'attimo, che poi diventa la vita, si è in cammino verso una meta.

Nel tempo che passa, nell'attimo che fugge, negli anni che scorrono, nella vita stessa che finisce, tu o fratello, non devi mai dimenticare la meta, mai perdere di vista la meta. Devi sempre camminare passo dopo passo per raggiungere tale meta, per conquistarla, per possederla intensamente, per sempre. Quando avrai raggiunto questa meta, quando l'avrai finalmente posseduta, ti accorgerai che l'attimo che è finito si è trasformato in un attimo di eternità.

Pensa! **L'attimo umano che finisce, l'attimo di eternità che inizia!** Ecco la grande, nuova dimensione del tempo che passa: andare incontro, incamminarsi verso, l'essere senza fine e senza tempo: Dio.

Conquistare la meta è la cosa più importante, più vera, più forte, più desiderabile nel profondo di ogni uomo che è consapevole di Dio, dell'eternità, del suo essere vivo e vero e del suo gioire e soffrire non per il nulla, ma per raggiungere la meta d'eternità.

Non aver paura, allora fratello, se ti accorgi che il tempo passa e stai diventando vecchio, non aver paura delle cose che fuggono e della tua stessa carne che diventa rugosa e stanca, non aver paura della tua vita che sarà piena più di ricordi che di azioni presenti, non aver paura dei tuoi capelli bianchi, delle tue malattie, delle tue sofferenze, dei tuoi acciacchi. Non aver paura di tutto questo perché anche questo fa parte di quell'attimo che fugge.

Se avrai con chiarezza davanti a te la meta, non potrai e non dovrai aver paura. Se guarderai sempre avanti e lontano, avrai nel cuore la pace. Saprai allora vivere ogni attimo di questa tua vita così fuggente, sapendo che tutto è racchiuso in quell'attimo di eternità, sapendo che ciò che fai oggi ha un significato e serve a qualcosa; soprattutto ti accorgerai che tu stesso vali qualcosa, che tu stesso sei utile a qualcosa, che tu stesso sei destinato a qualcosa.

Il tempo che passa e i giorni che si susseguono non ti metteranno più paura, non ti rattristeranno più, perché dentro di te scenderà la pace, scenderà la gioia di sapere che la meta è sempre più vicina, di sapere che andrai incontro al Signore, di sapere che godrai l'amore completo e totale che solo Dio può darti.

In tale Amore non ci saranno più dolori e sofferenze, giovinezza o vecchiaia, ma solo comprensione, giustizia, e carità.

In tale Amore tutto sarà trasformato e tu farai parte di questa eternità.

COMUNICARE

Ogni giorno e spesso della vita ci accorgiamo di quanto sia importante esprimere i propri sentimenti, le sensazioni, quello cioè che abbiamo dentro il cuore o che abbiamo sia nella mente che in tutta la nostra dimensione umana.

Soprattutto è bello pensare che, l'altro che ti ascolta, riesce a capirti grazie proprio alla tua parola; riesce tramite le parole a comprendere non soltanto le cose che dici fini a se stesse, ma anche riesce ad intuire e condividere le tue stesse sensazioni. Riesce a comprendere i tuoi sentimenti e ad andare con il suo cuore e la sua mente al di là delle parole dette.

Noi uomini siamo stati pensati proprio per comunicare, per aprirci, per donarci, per essere rivolti agli altri; non saremmo creature umane se non avessimo questo grande dono, un dono che nessun altro nel creato ha, un dono che addirittura ci avvicina e permette di essere, quasi, simili a Dio.

Dio è il comunicatore, colui che è la Parola, colui che è il tutto e in questo tutto, in questa pienezza non può fare a meno di comunicare se stesso.

Si potrebbe quasi dire che Dio non può fare a meno di comunicarci se stesso, ovvero la sua essenza cioè il suo amore. Non può fare a meno di comunicare con noi.

Noi siamo l'oggetto del suo amore, della sua attenzione, della sua passione, siamo costantemente presenti nella sua mente, nei suoi pensieri, nelle sue parole, nella sua stessa vita d'eterna presenza.

Quindi è nel comunicare che siamo simili a Dio, la Parola ci fa come Lui. Egli ha mandato sulla terra Gesù Cristo che è la sua Parola visibile ed incarnata; Gesù, parola di Dio, colui che ha mostrato e ha fatto conoscere Dio, colui che ha rivelato l'essenza di Dio, ha comunicato Dio e ce lo ha fatto vedere, ci ha mostrato il suo volto

Sembrerebbe impossibile, ma noi abbiamo la stessa capacità di Dio, la stessa dimensione sostanziale di Dio: il saper comunicare, il saper aprire il cuore, la mente, le labbra, la vita a chi ti è accanto, a chi ti è vicino, a chi ti può e vuole ascoltare. Ma al di là di tutto questo, si può comunicare anche al di là del tempo e dello spazio, comunicare le scoperte, lasciarle in eredità all'universo intero; si può in sostanza lasciare il proprio amore scolpito nel cuore dell'umanità intera, si può consegnare la propria vita, anche se finisce inevitabilmente, come atto d'amore, come dono per tutti quelli che dopo di te vorranno accoglierlo.

È come quando leggiamo un libro scritto tanto tempo fa, se il nostro cuore e la nostra mente riescono ad essere colpite dalle parole scritte e dai pensieri espressi, percepiamo e viviamo gli stessi pensieri e le stesse sensazioni che l'autore aveva e ha voluto immortalare e consegnare come dono al lettore. Come è grande il mistero del comunicare, ma soprattutto come è fondamentale, come è indispensabile comunicare!

Fratello, ora parlo a te che stai leggendo queste riflessioni, forse nella tua vita hai trovato difficoltà nel comunicare i tuoi sentimenti, nel comunicare le tue sensazioni; forse hai avuto timore, paura, soggezione, …… problemi.

Ti invito a liberartene, ti invito ad essere un figlio del comunicare, un figlio della parola, un figlio di Dio.

Ti invito a guardare gli altri con occhio diverso, a vederli come fratelli e a credere fermamente che dentro di te ci sono grandi valori che non possono essere tenuti nascosti gelosamente o egoisticamente per te e in te. Apri il tuo cuore, apri la tua mente, apri la tua vita, il tuo essere totale affinchè tu sia felice.

Ti invito a donare, a condividere, ad essere un elargitore della ricchezza che Dio ha posto in te, affinchè tu possa gettare il tuo seme nel terreno di questo mondo e vedere poi tale seme, gettato in abbondanza, maturare, crescere e produrre frutti.

Fratello, getta il tuo seme, fai in modo che la tua vita non sia una vita egoisticamente vissuta, comunicala, rendine partecipi gli altri, sii vero figlio della Parola, nella rettitudine, nell'onestà, nella bontà, nella semplicità, nelle cose vere, profonde, sincere, ovvero in quelle che contano e che durano per sempre.

Comunica e troverai te stesso.

SORELLA MORTE

È veramente difficile parlare con serenità di ciò che unisce tutti gli uomini, di ciò che li rende tutti uguali: sorella morte che inaspettata arriva e ti sradica dalla tua dimensione umana per trapiantarti in un'altra realtà. Una realtà che ti supera, di cui si può solo balbettare, di cui conosciamo soltanto qualche accenno ma della quale ci sfugge la sostanza, l'essenza, e questo perché siamo creature immerse nell'umano, nel contingente, nel materiale, nel fugace.

Credo dunque che sia importante fermarsi un momento per capire, per pensare, proprio perché giorno dopo giorno vediamo intono a noi altri muoiono e viviamo di fatto l'illusione che soltanto gli altri muoiono, mentre noi rimarremo….. sempre o ancora per molto.

Non poniamo seriamente il problema per noi e su di noi. C'è sempre tempo, anzi quel momento è talmente lontano per noi che, forse, non c'è nemmeno. Invece la storia ci insegna, e ci mostra come quel momento giunge per tutti, in modo semplice e naturale.

Noi lasciamo questo mondo, ma contemporaneamente entriamo in un'altra realtà, entriamo in un'altra dimensione, unica dimensione nella quale il nostro spirito, il nostro essere si ritrova; entriamo in quello dimensione che è la vera vita, nella realtà che dura per sempre. Quella dimensione in cui entriamo non dura quindi un attimo, come è di fatto la durata di questo mondo, come la durata della stessa esistenza umana, ma è per sempre.

Domandiamoci dunque: "come mai, noi che ci preoccupiamo tanto del momento presente che finirà, noi che ci preoccupiamo tanto di quello che dobbiamo mangiare e di quello che dobbiamo mettere addosso, noi che riteniamo talmente importante quest'oggi che passa, come mai non curiamo quel momento che è eterno? Perché curiamo soltanto questa vita e trascuriamo e dimentichiamo totalmente l'eternità, l'al di là, il nostro destino, la nostra patria, la nostra casa, la nostra vera dimensione che è Dio Eternità? Perché dimentichiamo che Lui ci attende, Lui che è il nostro creatore, il nostro Signore, il nostro Amore, il nostro tutto?

Senza di Lui nulla ha significato, senza di Lui niente vale e noi tramite la porta della morte, entriamo nel tutto e diventiamo parte di questo tutto, una parte che sarà riempita di felicità, di pace, di amore, di vera vita eterna.

Certo tutto questo deve essere preceduto dal dono della fede, del credere in Dio e nella Vita eterna, se l'uomo non crede a ciò, mi domando, come potrà affrontare la morte e tutte le sue conseguenze?

Non so quali siano i tuoi sentimenti, Fratello, ma io ad esempio non ho paura della morte. Ho soltanto nel cuore il dispiacere di lasciare le cose care, di lasciare le persone per le quali nutro sentimenti d'amore, di lasciare coloro per i quali darei la vita, di lasciare questo mondo così bello, questo creato così splendido. Il mio è un dispiacere profondo, però so che anche se mi dispiace lasciare queste cose, anch'esse destinate a finire, vado però a possederne e a conoscerne altre di gran lunga più belle, più elevate, più vere e se mi affascina questo universo che termina, quanto più l'eternità; e se mi piace vivere su questa terra, quanto più mi piacerà vivere l'eternità; e se mi commuovo di fronte alle cose di questa terra, quanto più mi piacerà commuovermi e sorridere nell'eternità, avere sentimenti più elevati all'infinito, provare sentimenti d'amore che nell'eternità potranno avere la loro pienezza, la loro grandezza, il massimo della loro intensità.

Come sarà bello, Fratello, vivere così, pienamente, senza limitazione né di tempo, né di spazio né di luoghi, immersi in una pace universale, in un amore che supera ogni barriera, in una vita che non avrà più confini, in un'umanità vivente solo d'eternità.

LA SOFFERENZA

Se ci guardiamo intorno, vediamo tante persone che cercano di vivere in vario modo la propria vita: chi nella semplicità, chi aggrappandosi a cose essenziali, chi vivendo di ciò che la natura e il lavoro dell'uomo producono, chi ingegnandosi in mille modi. Tutto questo per vivere, per esistere, per essere utili a se stessi e agli altri.

Spesso l'uomo si rivolge alla terra, alla natura per trovare il sostegno nelle cose di tutti i giorni, e soprattutto nel suo vivere e nel suo esistere.

Ma c'è un aspetto della vita che, quando ti tocca personalmente, sconvolge tutta la tua esistenza, la vita, la stessa dimensione umana; cambia radicalmente la tua storia e ti fa cambiare nel profondo, cambia i tuoi giorni e ti fa cambiare dal di dentro. E' qualcosa che costa molto vivere: **la sofferenza.**

Nel momento particolare in cui si sperimenta il dolore, si ha la consapevolezza che in quell'attimo tutte le cose che avresti voluto, gioia, pace, serenità, ti vengono tolte. La sofferenza genera pensieri, preoccupazioni, genera contraddizioni nella vita, genera attese, speranze, genera l'ansia e il desiderio di superare definitivamente quei momenti.

Nel cuore dell'uomo che soffre nascono mille riflessioni, mille sensazioni mai provate prima, che diventano, da qual momento in poi in modo esclusivo, la sua storia e la sua realtà; il suo intimo e il suo profondo saranno costantemente rivolti al nuovo fatto che ha cambiato la sua vita tutto, tutto il resto passa in second'ordine, tutto si illumina di un'altra luce.

Quando l'uomo soffre, la sua sofferenza e la sua malattia lo prendono così pienamente ed intensamente che per altre sensazioni non c'è possibilità di esistere in primo piano ; le stesse gioie della famiglia, le stesse vicende della famiglia diventano secondarie ed alle volte marginali.

Vista e vissuta in questo modo la sofferenza diventerebbe quasi una violenza, una forzatura, sembrerebbe quasi un qualcosa che debbo ingiustamente subire e che purtroppo subisco non potendo fare altro, ma in realtà non è così.

La sofferenza può anche diventare un modo di vita, anche diventare la vita stessa, non tanto perché essa è presente in ogni attimo della nostra storia ma perché l'uomo, nella sua generosità a nella sua dimensione interiore, può accettare ed accogliere come dono la sofferenza.

Fratello, se tu stai vivendo questi momenti di sofferenza nella tua vita, accettala elevando così il tuo cuore e il tuo spirito. Accettala dicendo: **" Grazie Signore,**

grazie perché tu hai guardato a me e hai permesso che io avessi questo dono, mi hai dato la sofferenza come un dono e come ogni dono tu mi chiedi di rendertelo con amore, accogliendolo gioiosamente, sapendo che questa è la Tua volontà. Aiutami Signore a santificare la sofferenza dono che tu hai permesso nella mia vita".

Chi soffre, chi è in ospedale, chi attende una soluzione ai propri problemi fisici è chiamato a vivere questa dimensione nell'intimo, è chiamato a fare questa offerta interiore, ad essere pronto a donare e a donarsi. Soltanto nella sofferenza accolta e gioiosamente vissuta può farlo pienamente, perché l'ammalato non darà il superfluo, ma darà tutto il suo essere, darà la sua pienezza, la sua totalità, la sua stessa vita.

È nella sofferenza, fratello, che potrai veramente verificare chi tu sia; è nel saper donare la tua sofferenza che scoprirai se credi ed hai forza interiore; è nel momento delle prove e delle difficoltà che saprai quanto vali veramente e quanto sei capace di offrire. E' nella sofferenza e tramite la sofferenza che saprai quanto ami Dio, quanto onori il Suo santo nome, quanto rispetti il Suo comandamento dell'amore e quanto fai la Sua santa volontà. È nella sofferenza che puoi ritrovare te stesso.

Tanti sono gli ammalati, tanta gente soffre sia che siano bambini che vecchi. Tante persone muoiono a causa di malattie e sofferenze proprio perché la sofferenza le ha prese e le ha plasmate.

La sofferenza ha un valore nella vita dell'uomo; è come il gesto dell'orefice che passa l'oro nel crogiolo, lo fa liquefare per renderlo puro, per eliminare definitivamente tutte le scorie. La sofferenza fa proprio questo: purifica.

Noi uomini ci sentiamo tanto sicuri di noi stessi, perché forse siamo giovani, perché siamo pieni di forza e di vitalità. L'uomo vero si vede in ogni momento della sua vita: quando è giovane, quando è maturo e quando è vecchio, quando è sano e quando è ammalato. L'uomo vero si misura soprattutto nei momenti in cui soffre.

Fratello, la malattia e la sofferenza possono arrivano in un attimo, ti prendono nell'intimo e ti sconvolgono in un istante, ma la sofferenza anche se improvvisa, vissuta con fede è una sofferenza che conduce a Dio.

DIO AMORE

Pensare a Dio è sicuramente la cosa più facile da fare sia che si creda o no, proprio perché basta chiudere gli occhi un momento, basta concentrarsi, basta fare silenzio intorno e nel proprio cuore, che si può con estrema facilità pensare a Dio.

Ovvero si riesce a percepire una presenza che ci supera e che ci coinvolge, una presenza che non si conosce e che è sempre misteriosa ma reale, quasi tangibile, toccabile.

Per me pensare a Dio vuol dire proprio questo: incontrarlo nel pensiero come in questo momento in cui io sto pensando e parlando di lui, lo sento vicino, sento la Sua presenza misteriosa.

Si potrebbe pensare che sono io, con le mie suggestioni, con le mie illusioni, che mi creo questa presenza illudendomi che sia reale ma in realtà essa è fittizia, quasi fantasma. Posso invece affermare che non è così: la presenza che sento è una presenza simile a quella di quando qualcuno mi è accanto, una presenza che percepisco essere viva, vera e quasi toccabile.

Elevare il proprio pensiero all'Essere Superiore dovrebbe essere la cosa più naturale per tutti, proprio perché questo Essere Superiore non è complicato e non è assolutamente lontano. Se tu, fratello, ti guardi intorno, guardi un uccello che vola, se guardi le nuvole alte nel cielo, se guardi un filo d'erba e rifletti sulla loro natura e sulla loro misteriosa esistenza, ti accorgi inevitabilmente di Dio, puoi incontrare Dio:

Se osservi l'universo, il creato, la bellezza delle cose con occhio attento e lontano da preconcetti, puoi scorgere Dio. Se guardi nel profondo degli occhi di un bambino o gli occhi felici di due giovani che si amano, o gli occhi stanchi di un anziano o negli occhi sofferenti di un ammalato, puoi vedervi rispecchiato Dio.

Se scendi nella profondità del tuo cuore, nella profondità della tua anima, lì puoi ritrovare il volto di Dio

Vedi, allora che non è difficile incontrare Dio, ti accorgi che questo Dio che sembra così lontano è un Dio che, invece, si mostra che si fa trovare in ogni cosa.

Fratello, ora che sai dove trovare il volto di Dio, la cosa più importante è entrare in contatto con Lui e cercare di far parte del Suo mistero. Quando Dio si mostra, spalanca il Suo cuore a tal punto, che chiunque lo desideri può entrare.

Quando si incontra Dio lo si trova proprio così, con il cuore e le braccia spalancate, e ogni uomo può entrare in lui, può conoscerlo pienamente, può divenire addirittura parte di Lui.

È entusiasmante poter conoscere Dio, perché in Lui trovi tutto ciò che hai sempre desiderato e che non hai mai pienamente trovato.

Fratello, nella vita hai avuto forse delusioni e abbandoni, in Dio invece trovi speranza e amicizia. Intorno a te hai sperimentato forse tradimenti, situazioni di odio, avversità; in Dio trovi l'amore, la fiducia, la misericordia.

Come puoi, dunque non amare un Dio che si mostra Padre d'amore per te? Come puoi non amare un Dio che ti perdona, che ti sorride, che ti è accanto ogni momento anche quando tu neanche ci pensi? Come puoi non offrirgli il tuo cuore, come puoi non corrispondere al Suo amore, come puoi non riamarlo? Quando ami Dio, diventi parte di Lui.

Se il tuo cuore durante la vita, si infiamma d'amore per qualcuno che forse neanche ti dimostra amore, o addirittura tu sei disposto a donare la tua vita per qualcuno che neanche ti pensa, come puoi non dare il tuo amore a chi per te ha dato già tutto? Come puoi non commuoverti di fronte a un Dio che ti ha pensato fin dall'eternità, ti ha amato dall'eternità, ti ha desiderato dall'eternità, ti ha voluto dall'eternità. Tu esisti oggi perché Lui nella sua immensa misericordia ti ha pensato e voluto.

Cosa vorrà mai questo Dio da te, da me, da ognuno di noi?

Credo che non vuole che ci complichiamo la vita, che ci facciamo travolgere dal male, non vuole che ci perdiamo, non vuole addirittura che soffriamo. Vuole invece che percepiamo e possediamo questo Suo amore e lo facciamo diventare lo scopo della vita, il senso della nostra storia.

Fratello, l'amore di Dio entrando in te, se troverà un cuore accogliente, ti trasformerà, ti farà diventare una creatura nuova, ti darà la capacità di saper ripetere quest'atto d'amore, ti darà la forza di superare qualsiasi contraddizione umana perché ti avrà insegnato il vero amore, quello che dura per sempre.

Tutto questo perché avrai finalmente scoperto che Dio è Amore.

PORTATORI DI SPERANZA

Sono molti i momenti della vita in cui si sente nel cuore tristezza, si percepiscono sensi di abbandono e di solitudine. Sono tanti questi momenti e costellano in un certo senso le giornate, le settimane, gli anni, la vita intera di un uomo. Sono momenti in cui il cuore si abbatte e si avvilisce, perché non si vede via d'uscita e non si spera che i problemi possano essere superati. Le situazioni, le persone, le stesse cose che accadono o possono accadere intorno a noi, arrecano sofferenze, pensieri, preoccupazioni.

Anche a me è successo tutto questo e succede spesso, che mi senta avvilito e afflitto. Alle volte la preoccupazione riempie il mio cuore e mi fa cadere quasi in uno stato di abbattimento interiore e ancora maggiormente in mancanza di fiducia, di speranza.

Con queste premesse e con queste sensazioni nel profondo del cuore, è sempre più difficile vivere la vita; diventa difficile lo stesso pensare alla vita, pensare al domani. Diventa difficile credere a tante cose di cui senti parlare o che addirittura vedi con i tuoi stessi occhi. Vorresti vedere il bene e invece ottieni il male, chiedi amore e ti viene dato odio, desidereresti vivere la pace e invece si concretizza intorno a te la rivalità.

E' proprio a motivo dell'esperienza di tutti i giorni che è facile abbattersi, è facile rattristarsi, perché ti senti incapace di superare tali situazioni, ti senti incapace di dare una risposta, di risolvere il problema e quindi impossibilitato a creare le condizioni e i presupposti per un cambiamento radicale. È chiaro che, se un uomo dovesse vivere costantemente con questi sentimenti, di certo la sua vita non varrebbe neanche più la pena di essere vissuta.

Ed allora che sorgere la domanda: " perché vivere? perché soffrire? Perché tormentarsi nell'intimo non avendo neanche la soddisfazione di poter fare qualcosa per cambiare?

Occorre che nel cuore dell'uomo ci sia qualcosa che aiuti, che lo sostenga e che illumini i momenti bui che inevitabilmente vive. Questo qualcosa è **la speranza**.

Fratello, tu dirai sicuramente è soltanto una parola. Sì, è vero, può essere soltanto una parola, ma se tu ed io riusciamo a farla diventare una certezza dentro di noi, se riusciamo a farla vivere nel nostro cuore, nella nostra anima come l'unica certezza sicura e valida, **la speranza che queste cose cambino, diventa realtà.**

Speranza che il mondo viva nell'amore e nella pace, speranza che ci sia concordia tra gli uomini, speranza che nascano nuove generazioni di umanità; speranza che le guerre finiscano, che l'odio scompaia e che le rivalità siano annientate. Speranza di tempi migliori, speranza di un'umanità migliore, speranza di cuori migliori, speranza di gente migliore, speranza di vedere attuato quello che senti così fortemente dentro di te: **un mondo pieno di speranza**.

Abbandonati a questa speranza, fratello, vivi nel profondo del cuore la certezza della speranza e vedrai grandi cambiamenti intorno e dentro di te. Le nuvole che hanno sempre offuscato il sole della tua vita cominceranno, quasi per incanto, a diradarsi e tu tornerai a vedere il sole tramontare, tornerai a scoprire la bellezza della vita e, anche se continueranno ad esistere gli affanni, i pensieri, le tristezze, le preoccupazioni, sarà bello però vivere anche quelle. Avrà un significato vivere anche queste tristezze, perché tu le avrai illuminate con una luce nuova, la luce della speranza che diventa luce di certezza.

Fratello sii un uomo che porta la speranza nella sua vita di tutti i giorni e che la infonde anche in coloro che normalmente hai accanto. Sii uomo della speranza. Sappi sempre parlare della speranza, sappi sempre annunciare la speranza, vivere la speranza, essere portatore della speranza. Sappi amare la speranza e sappi donarla.

Non saranno dunque più soltanto parole, ma diventeranno concretezza se il tuo cuore si aprirà, se la tua mente si aprirà, se la tua vita si aprirà al grande, immenso, infinito dono che Dio ha dato all'uomo: la certezza che questa vita non è fine a se stessa ma che continua, anzi continuerà per non finire mai più.

Tu allora Fratello, saprai che anche il dono dell'eternità è speranza.

LO SPLENDORE DEL CREATO

Quante creature ci circondano, quante meraviglie, quanti spettacoli incomparabili! Cose che la nostra mente non avrebbe mai neanche pensato e invece sono lì, per noi, a nostra completa disposizione.

Noi guardiamo all'universo creato spesso con occhio distratto, con cuore lontano, senza neanche immaginare quanto queste cose siano di valore o quale sia il loro significato esistenziale. È chiaro che esse indicano la presenza di un mistero: come il mistero dell'uomo che cerca in ogni tempo ed in ogni contesto di scoprire se stesso, così come anche il mistero affascinante e meraviglioso dell'universo che si offre con disponibilità all'uomo in cerca di conoscerne i segreti cercando di penetrare nell'essenza delle creature stesse.

Se guardato con occhi attento ed illuminato, tutto ciò che mi circonda avrà un aspetto diverso, avrà un significato che non sarà più di superficialità perché quando riesce ad entrare nella bellezza, nella grandezza e nello stesso messaggio ad esempio racchiuso in un filo d'erba, in un papavero rosso, in un vermicello della terra, in un uccellino o un passerotto io avrò incontrato la Vita.

Quando si riesce a percepire il mistero della presenza e della bellezza dell'esistere di ogni essere vivente, allora si inizia a comprendere anche se stessi.

Se non ti sai guardare intorno, se non sai sorridere, se non sai amare, se non sai godere, se non sai vivere, se non sai scoprire, se non sai contemplare, non ti serve a nulla tutto ciò che è intorno a te.

Ti alzi la mattina, ti lavi, corri, mangi, prendi l'auto, scendi, risali, lavori, studi, ritorni a casa, rimangi, dormi di nuovo e tutto finisce lì, tutto si limita a questa infinita, interminabile routine quotidiana.

Se invece riesci a guardare nel profondo delle cose che vivono accanto a te e intorno a te, farai una grande scoperta. Ti si allargheranno gli orizzonti, saprai guardare lontano e tutto avrà un significato nuovo, ogni cosa creata darà una risposta ai tuoi mille perché.

Niente è posto a caso in questo universo, niente è occasionale, casuale o momentaneo. Anche ciò che, per sua natura, è momentaneo, ha una sua dimensione importantissima ed insostituibile.

Se scopri la bellezza del creato, scopri di avere ancora la capacità di meravigliarti di ciò che prima ti sembrava consueto e insignificante. Ogni giorno rimarrai sbalordito dal sole che sorge, ogni giorno ti lascerai baciare dalla sua luce e dai suoi raggi. Ogni giorno rimarrai con gli occhi spalancati e il cuore gonfio di felicità vedendo un tramonto o quando scorgerai il cielo così variopinto ed irripetibile. Sentirai in te pace e silenzio, quando ammirerai la vetta di una montagna luminosa di ghiacciai eterni o anche solo un uccellino solitario nel suo piccolo nido.

Una cosa che fino a ieri avevi visto come una cosa nomale e scontata, oggi la guarderai con occhi nuovi, l'apprezzerai e la sentirai tua ed anche la tua vita cambierà, anche il tuo stesso essere cambierà: diventerai un uomo con il cuore spalancato all'universo

.

Vedi fratello, quello che desidero far percepire al tuo cuore in questo momento è molto semplice e si racchiude in una domanda: " come puoi vivere la tua vita senza accorgerti delle cose belle che hai intorno? Se il tuo cuore riesce a guardarsi intorno e vedere la bellezza che lo circonda, se la tua mente riesce ad aprirsi ed andare lontano, al di là del tempo e dello spazio, tu diventerai un uomo felice."

Diventerai e sarai quello che oggi non sei, perché hai sempre pensato che era scontato avere tutto ciò che ti circondava, hai sempre pensato quasi fosse una cosa doverosa per lui che ogni giorno il sole sorgesse al mattino e alla sera tramontasse o che le stelle in cielo, gli alberi, le stagioni, gli animali, esistessero.

Tutto questo non è normale, è un dono d'amore ed è soprattutto un atto continuo d'amore, è una creazione continua d'amore, è una meraviglia continua d'amore ed è per te questo amore, affinchè ti accorga di quanto tu sia amato.

Immagina che io ora sia accanto a te per portarti un regalo e sto mettendo nelle tue mani un regalo, ed ogni attimo successivo un regalo ancora. Tu hai le mani piene di questi regali dei quali non ti sei ancora accorto e non ne hai ancora conosciuto il contenuto.

Fratello, apri i tuoi occhi, apri il tuo cuore, apri te stesso e guardati intorno per scoprire le meraviglie dell'universo!

IL SENSO DELLA VITA

Ogni cosa ha un senso e un significato. Ogni persona porta dentro di sé un senso e un significato. Pensare ad una persona che vive la vita giorno per giorno, attimo per attimo, quasi non pensasse mai al domani è veramente una cosa impossibile; eppure sembra proprio che sia così, sembra proprio che ci siano persone che mai riflettono su se stesse, mai si scrutano nell'intimo, cercano di dare senso e significato alla propria storia, alla propria vita, alla propria dimensione, alla propria realtà.

In fin dei conti anche tutte le creature generate dalla natura hanno in se stesse hanno un senso e un significato. Se inanimate o viventi, non possono da sole porsi la domanda del perché del loro esistere, non possono neanche decidere liberamente che senso e significato dare alla loro vita. Per esse tutto è già stato stabilito, è già stato fissato: il senso della loro vita è seguire il corso "naturalissimo" della natura, quello prestabilito che comprende un ruolo preciso, particolare, unico e irripetibile, ma non autonomamente deciso. Un ruolo che nessuna di esse si è mai scelto e che mai potrà scegliersi.

er l'uomo invece il discorso è tutto un altro. Sono proprio io quello che sceglie il senso della vita, della mia vita; sono proprio io quello che scelgo il sapore da dare alla mia esistenza; sono proprio io che dico che cosa concretamente voglio essere, voglio fare, voglio pensare; sono io che nella mia libertà determino tutto e ogni cosa; addirittura sono io che decido anche la vita e la morte.

È qualcosa di grande, di immenso, di sconfinato!

Ecco perché è importante che l'uomo rifletta, che l'uomo pensi. Ecco perché è importante non sperperare mai tutto ciò che hai e che hai dentro. Tutto diventa importantissimo in te, in quanto sei un essere vivente che ha la pienezza della libertà.

Se io ti domandassi: cosa fai? Chi sei veramente? Cosa pensi? Quali sentimenti hai? Quali sono le tue emozioni, le tue sensazioni? Quali sono le tue domande, i tuoi perché, i tuoi dubbi? Ti renderesti conto che in pochi attimi ti ho posto già mille domande per rispondere alle quali ci vorrebbe una vita intera.

Ma ti potrei domandare ancora: la tua vita, quella che tu oggi vivi, che sapore ha? Il sapore dell'egoismo? Il sapore della superbia? Il sapore della cattiveria, della disonestà, delle maldicenze, della calunnia? Oppure ha il sapore dell'amore? Ha il sapore della fede? Ha il sapore della fedeltà, del perdono, della pazienza, della carità, della fraternità?

Pensa quanto è importante, allora, il senso della vita, non della vita generica, ma della tua vita; pensa quanto è importante la tua vita e i principi che metti alla base di essa e le cose che poni a fondamento dl tuo stesso essere ed esistere.

Forse queste domande non te le eri mai poste, ma penso che sia importante, anzi, fondamentale che te le ponga perché la vita passa e il giorno che ormai abbiamo vissuto non torna più.

Se abbiamo posto come fondamento di questo giorno l'egoismo, questo giorno verrà ricordato e vissuto nell'eternità come giorno da egoisti; e non soltanto l'avremo sprecato, ma avremo anche innalzato un mattone per la barriera infinita tra gli uomini. Se, invece, il giorno che è passato lo abbiamo vissuto all'insegna dell'amore, all'insegna del saper guardare ogni uomo come fratello e saperlo riconoscere come amico da aiutare, da incoraggiare, da sostenere; se abbiamo vissuto questo giorno all'insegna del perdono, ovvero saper dire: al di là di ciò che mi hai fatto, ti voglio bene lo stesso, al di là delle incomprensioni e delle difficoltà, ti accetto così come seri, avremo tolto il muro del male con la fraternità.

Così la tua vita, il tuo giorno passato, diventerà una perla preziosa, una perla che viene posta al cospetto di Dio con sopra scritto il tuo nome e nessuno mai potrà rubartela, potrà portartela via.

Pensa che cosa meravigliosa sarebbe se un giorno il mondo vivesse una vita che abbia come base principi veri, fondamenta solide, certe, eterne.

Ovvero immagina un uomo che ama per tutta la vita, che perdona per tutta la vita.

Immaginalo……Ora ti domando: potresti essere tu quell'uomo?

ESSERE BAMBINI

"Se non diventerete semplici come bambini, dice Gesù, **non entrerete nel regno dei cieli".** Per capire ciò basta guardarsi intorno, guardare il mondo, la natura, l'universo e cogliere la semplicità che compone le piccole e grandi cose. Guardando tutto il creato con questa ottica, si può comprendere come la bellezza, lo splendore, la maestosità dell'atto creativo sia, di fatto, la cosa più semplice, più innocente, che possa essere stata pensata e realizzata.

È proprio vero ciò che dice Gesù**: " Se non diventerete semplici come i bambini, non entrerete nel regno dei cieli**".

La domanda che potremmo porci è perché il bambino è semplice e noi adulti invece no ?

Nel bambino non c'è la malizia o almeno ancora non sono radicati quella diffidenza, quella avversità, quell'odio, quel rancore che invece in noi adulti sono spesso presenti. Nel bambino non c'è il concetto di malignità, non c'è l'idea della calunnia, non c'è l'atteggiamento di disonestà anche se compie gesti e azioni che alle volte non sono buone.

Il bambino ha una capacità di recupero che è imprevedibile: sa innanzi tutto accorgersi dell'errore e poi sa piangere e sa chiedere perdono con semplicità e fiducia per il suo errore. Ed è proprio in questo fatto che si manifesta la purezza del suo cuore, della sua mente, della sua vita, dei sui gesti perché tutti possono sbagliare, in un modo o in un altro, nessuno è perfetto, ma l'importante è accorgersi del proprio errore e saper umilmente riparare e chiedere perdono.

La semplicità del bambino si manifesta anche nella gioia di vita.Guardate la facilità al sorridere come anche la facilità nel piangere; guardate le mille espressioni del suo volto; guardate ciò che ha nel cuore e come lo dice, come si fa capire e come percepisce anche chi gli vuole bene e chi no; come riesce nella sua semplicità a parlare alle volte da grande, a dire cose profonde che noi adulti non ci saremmo mai aspettate.

Il Signore ha indicato una strada maestra quando ha invitato tutti a diventare semplici come i bambini, ad essere quasi dei creduloni, ad essere innocenti, puri, docili, obbedienti; ci ha indicato, con la figura del bambino, a seguire queste caratteristiche che poi, se ci pensiamo bene, sono le caratteristiche di Dio.

Potremmo allora quasi dire che Dio è un bambino, vive la semplicità di un bambino, l'affetto di un bambino, la cordialità di un bambino! Dio in fin dei conti è come un bambino perché sa amare, sa vivere, sa capire, sa piangere e sorridere, sa condividere, sa giocare e sa fare il serio, ovvero sa **" essere se stesso ".**

L'essere semplici come bambini è l'impegno principale per assomigliare a Dio, per arrivare a Dio, per vivere della stessa vita di Dio. E' un impegno sì faticoso, ma che dà gioia, che dà felicità.

Lo dico proprio a te, fratello, quanto è complicata la mia e la tua vita, quanto è contorta la nostra esistenza. Quante montagne ci ostacolano, quante catene ci legano, quante realtà sono diventate un peso alle volte insopportabile per la nostra quotidianità.

Ti invito a scrollarti di dosso tutto questo; ti invito a diventare semplice come un bambino, a vivere la tua vita in un modo completamente diverso, abbandonando tutte le cose inutili e superficiali che noi uomini ci siamo costruite, che abbiamo innalzato a idoli di vita e che ci illudiamo siano tanto importanti, senza le quali non vale la pena vivere.

Che assurdità! Abbiamo reso difficile, impossibile, insopportabile la semplicità della vita stessa. Se seguirai la strada della semplicità che il Signore ti ha indicato, se diventerai innocente, felice, sorridente, capace di commuoverti come un bambino, sarai veramente te stesso.

Avrai la felicità piena, avrai la gioia immensa; il tuo cuore sarà ricco e trabboccante e la tua vita si trasformerà. Sarai un'altra creatura. Pensaci fratello, non vivere più così. A che ti serve andare avanti anche cento anni così? A che ti serve tormentarti così?

Segui la strada della semplicità, segui la parola del Vangelo, diventa anche tu ……..un bambino.

MORIRE DENTRO

Ho sempre pensato che il male fosse un qualcosa che non dovesse esistere nell'uomo ed ho sempre pensato che l'uomo compisse il male per errore, perché non sapeva quello che stava facendo; non di certo per cattiva volontà, ma solo per le situazioni che alle volte si verificavano nella sua vita.

Ho sempre pensato questo, ma con il tempo, con l'esperienza, con gli anni trascorsi ed anche in conseguenza delle storie raccontatemi da tante persone privatamente o in confessionale, ho dovuto ricredermi ed ammettere che alle volte ci sono persone che compiono il male sapendo che è male e quasi hanno piacere nel provocare il male agli altri, nel vedere gli altri infelici, nel sentirli e saperli tristi. Alcuni, addirittura arrivano a distruggere la vita degli altri, i loro sentimenti, le loro sensazioni, i loro amori, le loro passioni, ciò che in loro è più caro.

È chiaro che, quando ciò si verifica, nel cuore di chi subisce sorge un dramma grande e profondo. Colui che riceve questo male tanto profondo, alle volte non riesce a risollevarsi, perché non riesce più a vedere illuminata la strada del proprio cammino, della propria vita. Tutto sembra crollare intorno e dentro di lui, sembra ormai inutile lo stesso vivere, lo stesso esistere.

Ecco, dunque, come ad esempio la calunnia e la maldicenza possono far morire una persona dentro, possono distruggerla nell'intimo, nel profondo. Ed anche se non è una morte fisica, è pur sempre un morire, perché l'uomo è fatto di corpo e anima e ha in sé questa duplice dimensione di materia e di spirito che sono inscindibili e condividono ogni sentimento ed emozione.

Quando siamo sereni dentro, nel cuore, nell'anima, quando abbiamo la pace, anche il nostro corpo vive in pace; quando viviamo la gioia nell'intimo, anche il nostro corpo è esuberante, è pieno di gioia. Altresì quando abbiamo la tristezza nel profondo, nel cuore, nell'anima, anche il nostro corpo e nella tristezza, si appesantisce, non ha più voglia quasi di vivere, non reagisce a nessun stimolo.

Chiunque compie il male in questo modo, sapendo quello che sta facendo, non ottiene il perdono di Dio e la Sua misericordia per un atto talmente grave, talmente profondo, se non con un recupero pieno e totale della serenità altrui e con la riparazione alla offesa fatta a Dio Verità ed al Fratello offeso e calunniato.

Far morire dentro, uccidere un'anima, calunniare, distruggere l'intimo, impedire la felicità, mettere confusione e tristezza nel cuore degli altri, è un grave crimine contro Dio e contro il Prossimo.

L'uomo che nella sua vita compie queste azioni, non vale nulla, perché non ha niente, perché è soltanto un distruttore ed è in se stesso un felice.

Fratello, fai ora un esame di coscienza nel tuo cuore, guardati dentro. Pensa se anche tu hai ucciso qualcuno dentro, se anche tu hai calunniato, se hai parlato male di qualcuno. Pensa al danno che hai fatto, alla distruzione che hai operato, alla sofferenza che hai generato.

Se ti dovessi accorgere che anche tu hai fatto questo, la prima cosa che devi fare è un atto di sincera riparazione. Un atto difficile da compiere poiché è difficile riparare il danno compiuto, ma è un atto indispensabile da fare. Vai allora da questo tuo fratello e con umiltà chiedi perdono e per tutto quello che ti è possibile ripristina la giustizia, parla con sincerità, ammetti la tua colpa e la tua nefandezza e poi, iniziare a cercare negli altri la cose migliori, impara a saper guardare con occhio benevolo tutti quelli che ti circondano, a saper giustificare anche le cose che ti sembrano inconsuete o difficili da comprendere che invece forse non lo sono.

Inizia quindi a vivere nella semplicità, vivere in pace con tutti, cercando di amare e di collaborare con tutti, donandoti a tutti, dedicandoti soprattutto a creare un mondo migliore dove regni la pace, la giustizia, l'amore.

IL VENTO DELLO SPIRITO

Il vento soffia dove vuole, ne senti la voce, ne avverti la presenza ma non **sai** da dove viene e dove va. Così lo spirito, lo spirito di Dio che riempie tante volte la mente, il cuore, l'anima di tanti e lo vedi, ti accorgi della sua presenza e ti rendi conto che questa presenza è importante proprio perché è un vento d'amore, è un vento di misericordia, è un vento di ricchezza e genera una dimensione totalmente spirituale, totalmente profonda, totalmente di Dio.

Ciò che deve maggiormente far riflettere è proprio il fatto che questo vento soffia dove vuole; non sono io a condizionarlo, non sono di certo io ad imporgli dove soffiare e verso chi andare, ma lui soffia dove vuole.

Un grande discorso inizia ora a prendere forma. Il vento dello spirito porta con sé i doni di Dio e dà questi doni a chi vuole e come vuole. È lui, è lo spirito, il datore della Grazia, il datore dei talenti che ogni uomo scopre di possedere, è lui che riempie la mente, il cuore, l'anima e la vita di ogni essere umano ispirandogli sentimenti grandi e immensi che soltanto Dio sa generare e sa donare.

Di conseguenza ognuno di noi se si guarda nell'intimo, nel profondo del cuore sa capire e comprendere che vento ha soffiato anche dentro di lui, molti doni questo vento d'amore ha lasciato.

Il guardarsi dentro, nel profondo, nell'intimo, permetterà di accorgersi di avere dei doni, dei talenti, delle cose per le quali tu sei portato, diventa un meraviglioso laboratorio di lavoro, diventa la traccia della vita, diventa non tanto l'hobby, il piacere di fare una cosa o il passatempo, ma diventa l'impegno forte, profondo, sistematico, sincero, l'impegno vero, l'impegno grande, l'impegno di una vita vissuta intensamente e contemporaneamente l'impegno di una eternità.

Accorgersi di avere dei doni vuol dire non fare come quel servo che ricevette un talento dal suo padrone e per timore di perderlo andò a sotterrarlo e quando poi tornò il padrone, il servo gli riconsegnò solo il suo talento perché aveva avuto paura.

Noi non possiamo sotterrare il nostro talento, ma dobbiamo gestirlo e consegnarlo raddoppiato al nostro padrone.

I doni che Dio ti ha fatto, il vento che ha soffiato dentro di te, deve vedere la tua risposta, una risposta generosa, una risposta che dia frutto, una risposta vera, una risposta adeguata al vento che ha soffiato dentro e sopra di te

Il vento allora continuerà a soffiare perché non ha trovato un terreno arido, sterile, ma continuerà ad elargire i suoi doni su un terreno già fertile.

Se lo Spirito, soffiando, troverà cuori aperti e disponibili pronti a donarsi a spendersi, pronti ad essere generosi e altruisti, pronti a cercare il bene non solo di se stessi ma di tutti gli altri, il bene comune che vuol dire il bene della società, bene verso Dio e verso il prossimo, farà crescere l'intera umanità.

Ed allora fratello, mi rivolgo a te ; anche tu hai avuto dei doni, anche su di te il vento dello spirito ha soffiato, anche su dite ha posto talenti e grazia

Non sprecarli questi doni, utilizzali per permettere allo spirito di fare sempre più del bene, per creare sempre più una pace universale, una armonia, una santità di vita, un impegno apostolico, una testimonianza cristiana, nelle cose stesse che tu desideri e che anche lo spirito desidera, che tu vorresti vedere attuate e che anche lo spirito vorrebbe vedere attuate, che tu brami e che anche lo spirito **con gemiti inesprimibili** vuole attuare.

Insieme tu e lo Spirito potrete ancora una volta elargire sulla umanità i doni che vengono da Dio.

LA FEDE, LA SPERANZA, LA CARITA'

Quando ero ragazzo, anzi bambino, ricordo di quel tempo, in modo quasi indelebile, gli incontri che si facevano in Parrocchia per il catechismo in preparazione alla prima Comunione e Cresima. Ricordo i miei insegnanti, sia i Sacerdoti che le suore nonchè i catechisti e le parole che mi dicevano e le idee che generavano in me.

Mi sono rimaste impresse fin da allora tre parole che credo possano riassumere in sintesi quello che un uomo nella propria vita sente di avere scolpito nel modo più grande e più profondo nel proprio cuore: **la fede, la speranza e la carità.**

Quando ero bambino, le avevo imparate a memoria e di certo non potevo comprenderne pienamente il significato, il valore, la portata, l'importanza e soprattutto ciò che esse, non soltanto indicavano, ma quanto esigevano

La fede, l'atto della fede, l'atto del credere fermamente, l'atto del fidarsi, dell'abbandonarsi, dell'avere una fiducia totale ed incondizionata, fede quasi cieca. Ricordo che veniva rappresentata come una donna che aveva gli occhi bendati.

La fede che non ha bisogno di certezze umane ovvero di prove, di cose che si vedano o si tocchino.

Significativo il passo raccontato negli Atti degli Apostoli, quando Gesù il Risorto, incontra Tommaso nel Cenacolo e mostra a lui le sue piaghe e gli dice: " **Metti il tuo dito nel mio costato, tocca pure le mie ferite e non essere più incredulo, ma credente"**. E poi continua dicendo, pensando anche a noi, ovvero un messaggio lanciato nel tempo e nei secoli: **"beati coloro che pur non avendo visto crederanno".**

Cosa dire allora, dopo aver parlato della fede, **della Speranza**? E' proprio la fede che genera la speranza, genera questo atto totale di fiducia, di abbandono e contemporaneamente di certezza; genera il sentimento dell'attesa, la speranza dell'arrivo, la speranza del ritorno, la speranza della pienezza, la speranza del godimento ultimo e totale, la speranza della vita eterna che nasce proprio dalla fede.

La fede e la speranza sono quindi come madre e figlia, non possono esistere l'una senza l'altra, se non c'è la fede non esiste la speranza, se non c'è la speranza vuol dire che non c'è fede.

La speranza riempie il cuore, la speranza supera il tempo e lo spazio, la speranza dimentica le delusioni e le incomprensioni della vita, non si cura della sofferenza, delle malattie, delle tribolazioni così come anche non dà troppo peso e valore alle gioie, alle soddisfazioni, agli applausi. La speranza rivolge il suo sguardo lontano, verso un qualcosa che non finisce mai e che non finirà mai: La speranza cerca la contemplazione del volto di Dio, la visione beatifica, il godimento dell'amore infinito del Creatore.

Ecco dunque i miei ricordi sulla fede e sulla speranza, ma non possiamo dimenticare la concreta attuazione della fede e della speranza, **la Carità**.

Non si può dimenticare come nella vita di tutti i giorni, con azioni concrete, parliamo, ci rapportiamo con gli altri, viviamo le nostre decisioni e come tutto questo diventi il senso profondo della vita e come alle volte tutto ciò non sia permeato dalla carità. Dunque carità nella vita e vita di carità.

Fede, Speranza e Carità tre virtù oggi spesso dimenticate, trascurate e non considerate, non vissute dall'uomo. Se egli avesse fede, avrebbe di conseguenza una vita stupenda proprio perché il suo atto di fede comporterebbe la certezza che il Signore cammina accanto a lui, che il Signore vive in lui; avrebbe la certezza che il paradiso ha finalmente spalancato le sue porte e che le tribolazioni di ogni giorno saranno ricompensate.

L'uomo a motivo della fede e della speranza, non cadrebbe nella delusione, nella tristezza, nell'abbattimento, nell'avvilimento ma vedrebbe come risultato una vita di carità e quindi gioia, pienezza di sentimenti, soddisfazione elevata al massimo.

Oggi purtroppo si pensa che le virtù, anche se considerate importanti, anche se giuste, siano riservate a pochi, a rarissimi a privilegiati uomini: i santi, mentre non si comprende che esse formano la base su cui poggiare la vita di ogni creatura, sono l'impegno di ogni giorno, la vita di ogni giorno, il pensiero di ogni giorno.

Beato l'uomo che vive la fede, la speranza e la carità. Beato l'uomo che si fa riconoscere nel mondo come figlio di queste virtù e che le conserva gelosamente sulle labbra, nella sua intelligenza e nel suo cuore.

L'UOMO E LA TENTAZIONE

L'uomo! Quale grande mistero il suo intimo, i suoi sentimenti, la sua vita. Che grande mistero il suo pensare, il suo cuore, la sua anima; eppure questo mistero che noi uomini percepiamo è un dolce mistero. Giorno dopo giorno ci accorgiamo di quanto siamo unici e importanti.

Anche l'uomo più sconosciuto o apparentemente il più insignificante è unico e importante. Ciò che è lui, ciò che ha nel profondo non è in nessun altro.

Ogni persona è irripetibile, è unica, è se stessa. Ma c'è un qualcosa che si rivolge ad ogni individuo, che coinvolge e spinge su altre strade. Ogni uomo è oggetto di tensioni particolari, chiamiamole anche tentazioni cioè esigenze nell'intimo e quasi insinuazioni, che dal più profondo, prendono e coinvolgono tutta la tua persona.

In certe situazioni si sente dentro una voce che si innalza e quasi ti impone un modo di agire, ti insinua che è giusto che tu faccia questo, anzi ti fa credere che se non lo fai sei un incapace. Questa voce subdola ti fa pensare a ciò che diranno gli altri se tu non sei così o non farai così. Ti illude facendoti immaginare quanti guai risolveresti, quante situazioni saranno superate, se tu farai ciò che questa voce ti suggerisce.

E' una voce che parla e ti indica una certa strada, poi accanto senti anche un'altra voce, quella che ti dice "No, non lo devi fare, non è bello, non è giusto, non è onesto, devi cercare di lavorare, di faticare, di guadagnartelo onestamente quello che vuoi; devi essere semplice, giusto, retto, e quindi non lo fare".

Tra queste due voci ci sono io, ci sei tu, ognuno di noi. Ed il grande dramma è che dobbiamo scegliere, il grande dramma è che dobbiamo deciderci, decidere a chi dar retta, quale voce far prevalere. Sono delle voci contrastanti fra di loro, addirittura in perfetta opposizione e noi siamo nel dubbio ma alla fine dobbiamo deciderci, scegliere, una di queste due voce dovrà diventare la mia voce.

Se prevale in noi l'egoismo, la bramosia, il desiderio senza limiti, allora la voce del "sì fallo, fallo subito", diventa dominante e se liberamente accettiamo di ascoltarla, siamo noi ad aver deciso di farlo e siamo noi che lo facciamo. Dall'altra parte se rendiamo dominante la voce del no, "non lo fare, sii onesto, sii retto, guadagna con il sudore della tua fronte", costa sacrificio ascoltarla perché non avremmo subito ciò che speravamo o desideravamo, ma avremmo però la gioia di non aver fatto il male ed anche in questo caso abbiamo operato una scelta che sarà una nostra scelta personale, una scelta che ci renderà la gioia, ci farà sentire onesti, ci farà sentire in pace con noi stessi ed anche giusti verso l'umanità.

L'uomo e la tentazione. La tentazione propone, ma è l'uomo che sceglie, è lui che decide quale strada seguire. La tentazione si innesta accanto alla linea naturale del bene che è scolpita nel cuore di ogni uomo e cerca di cancellarla o almeno soffocarla, ma è sempre l'uomo che decide.

A me, a te, ad ognuno di noi è stato dato questo grande dono: la libertà di scelta. Quanto costa scegliere ma anche quanto costa vivere questa libertà, questo dono. La natura che ci circonda, le cose e gli animali non hanno questo dono di libertà, per loro non esiste il dramma della tentazione.

Ma per noi, particolarissime creature amate da Dio in un modo speciale e superiore è un vero dramma il dover scegliere, il dover ascoltare contemporaneamente queste voci e alle volte vedere come il male distrugge, come il male trionfa e questo a causa mia, a causa delle mie scelte.

Il male è talmente illusorio che cerca di convincerci che egli è un bene poiché "tutti lo fanno…..è cosa normale…..non succede niente….".

E il male trionfa, il male si autogiustifica, e il male trova sempre più spazio nel cuore dell'uomo e nella umanità, mentre il bene viene soffocato, oltraggiato, offeso, dimenticato, nascosto.

Ma alla fine cosa accadrà?

Il male sarà sconfitto per sempre e il bene trionferà.

LA VITA

L'universo intero mostra con tanta forza, con tanta esuberanza la vita che è in esso, la presenza di un mondo che vive.

La natura, gli alberi, gli animali: tutto vive, tutto cresce, tutto esiste ed è importante accorgersi che intorno ad ognuno di noi l'universo vive e anche le cose più nascoste, più invisibili, quelle non percettibili vivono anch'esse. Il vento, l'aria, il micro organismo che l'occhio nudo non può vedere, oppure i piccolissimi animali della terra o del mare, tutto vive, tutto cresce e tutto ha un significato ed un fine.

E l'uomo è inserito in questo universo che vive, come una creatura che vive anch'essa e che partecipa a quel grande mistero della vita con tutto il creato.

Credo fermamente che se l'uomo si accorgesse di ciò che lui è, ovvero il padrone dell'universo, il signore del creato, avrebbe maggiore rispetto della vita, sia sua che altrui; ma l'uomo non è consapevole spesso di questo, non comprende quale grandezza, quale portata esistenziale è la sua presenza e non comprende alle volte, il perché del suo esistere.

L'uomo non riuscendo a comprendere, non riesce a vivere insieme agli altri e da qui nasce il suo isolarsi, il suo chiudersi, il suo non più rapportarsi con altri esseri viventi. Ciò causa in lui la morte, una morte vera, anche fisica perché un vivente da solo no può esistere, una vita da sola non può e non è di fatto concepita. E' importante invece la relazione con le altre vite, l'incontro con gli altri esseri viventi e rapportarsi con gli altri significa saper parlare e ascoltare, chiedere e dare, essere e avere.

E' bello pensare alla vita, è bello pensare ai giorni trascorsi della vita, ma è ancora più bello pensare a come vivere la vita, a come spendere i propri giorni ed è bello pensare ad una vita personale che si intreccia con altre vite, un universo intero di vite che si intrecciano, di sguardi che si incontrano, di creature che vivono, di gente che cresce e forma una umanità che cammina.

E' bello pensare a questo, è bello spalancare la propria mente, il proprio cuore a orizzonti lontani, a cieli infiniti, a spazi enormi. E' bello pensare ma sarebbe ancora più bello vivere, vivere così, vivere la vita con tutti suoi variegati rapporti, con tutte le sue gioie e dolori, con tutte le sue modalità.

Vivere la vita, questo è importante, questo è essenziale, viverla fino in fondo, quasi "succhiarla "per accorgersi del dono ricevuto, della bellezza, della grandezza di ciò che ci è stato dato, di ciò che forse noi non apprezziamo ancora abbastanza.

Fratello, non so se tu che mi stai leggendo ora "vivi". Sto parlando di una vita intima, interiore, non tanto della vita fisica, perché se mi stai a leggere ovviamente sei vivo, ma dentro di te sei vivo? Vivi i tuoi giorni? Li vivi intensamente? Oppure fai come fanno tanti: vivono il momento presente, vivono l'attimo fuggente, vivono l'istante che non torna più pensando che sia tutto quello che hanno e più di questo non possono avere.

Sembra che soprattutto nel mondo giovanile, oggi troviamo coloro che sprecano i loro giorni, che li spendono male, che li disperdono al vento; quanta grazia di Dio buttata, quanto bene non fatto, quanta giustizia non compiuta, quante cose non rette al posto di tante cose nobili.

.

Mi nasce il desiderio nell'intimo di dire quest'oggi a te Fratello, che se hai la vita, se possiedi dei giorni, degli anni, degli attimi, non li sprecare!

Almeno ascolta la mia voce e metti il tuo cuore e le tue sicurezze in discussione; riempi questi giorni, riempi questi attimi, riempili di cose vere, riempili di quelli che sono i grandi sentimenti intramontabili e validi per sempre, riempili d'amore!

Un amore grande, generoso, altruista e totalitario. Riempili d'amicizia vera e sincera, riempili di fedeltà, ma soprattutto riempili di Dio.

LASCIAR FARE A DIO

La vita ha mille sfaccettature, ha mille situazioni e ogni uomo la vive proprio con grande attesa, l'attesa di cose che spesso non sa quali esse siano.

I momenti della esistenza umana sono tutti importanti, tutti fondamentali, ma ci sono alcuni di questi momenti che diventano quasi asse portanti di tutto il resto.

Anche nella nostra esperienza di tutti i giorni, quasi come colonne che reggono un edificio o fondamenta che sono la base di una casa, alcuni desideri, alcune speranze, alcune attese noi le sentiamo proprio come fondamenta particolari e determinanti della vita di ognuno di noi.

Ecco quindi la nostra ricerca, il nostro desiderio, il nostro voler vedere attuati i desideri e le attese diventa grande e, alle volte, basta solo la speranza della loro attuazione a renderci felici. Con la fantasia corriamo lontano, andiamo avanti, cerchiamo già di costruire "un castello" che alle volte si rivela essere è un castello di carta, di carta velina e nulla di più. Basta un soffio di vento, un niente perché esso cada e vada distrutto.

Dunque, anche le cose importanti e buone che noi desideriamo alle volte nella nostra vita non si realizzano e spesso accade che, per quanto noi ci sforziamo, queste cose si allontanano e le vediamo sfumare, le vediamo confondersi quasi nella nebbia e nel nulla.

Penso di aver espresso sensazioni che anche voi, sicuramente, avrete provato. Anche le cose più belle nella nostra vita spesso perdono di importanza perché, quell'unica a cui temevano maggiormente, è risultata ormai inesistente.

Una domanda allora mi pongo: "il cristiano come deve vivere questa esperienza? Come deve porsi di fronte a questa realtà spesso inevitabile: desideri buoni, santi, giusti che non si realizzano e a volte le cose, le situazioni prendono strade mai pensate, mai desiderate, mai volute? Cosa deve fare il cristiano? Come si deve rispondere a questa realtà? "

Credo che l'unica risposta che il cristiano può e deve dare in tale contesto sia quella di accogliere queste situazioni, queste delusioni, questi desideri non appagati, come" volontà di Dio".

Innanzi tutto perché fare la volontà di Dio dà felicità, perché la volontà di Dio indica la strada vera da percorrere ed infine perché si permette al Signore di tracciare la nostra storia, che Egli ha disegnato e pensato per noi.

La strada che dovevamo percorrere non era quella che noi volevamo, ma era un'altra. Era quella che Dio, in modo misterioso, sofferto, ma concreto, ci ha mandato.

La volontà di Dio dunque è importante e fondamentale. Credere in questo, ovvero, credere nel progetto d'amore di Dio su di me, fatto esclusivamente per me e con me, genera la mia gioia. Quando io cristiano, mi accorgo che ciò che desidero, ciò che penso, ciò che vorrei vedere non corrisponde alla volontà di Dio, non debbo ostinarmi, non debbo cadere nella disperazione, ma debbo reagire, debbo avere invece in me la gioia, perché ho capito, ho saputo in un modo doloroso ma certo quale è la volontà di Dio, qual è la strada che il Signore vuole farmi percorrere.

Ecco allora la chiave di lettura per il cristiano in questi momenti di dubbio e difficili da vivere. Quando le cose non vanno secondo i desideri….. **lasciare fare a Dio.**

Ricordo, in un momento particolarmente difficile della mia vita, la frase che un sacerdote che mi disse: **"Non ti preoccupare mai: se si chiude una porta davanti a te, si aprirà poi un portone, abbi solo fede e chiedi sempre e soltanto che la volontà di Dio si compia in te, perché se si compie la volontà di Dio tu sarai nella felicità e renderai felici anche gli altri. E alla fine la tua vita sarà come Dio la vuole".**

IL CRISTO DEL SORRISO

Signore Gesù, quest'oggi voglio parlare di te e voglio parlare anche a te! Per noi è abbastanza facile parlare di Dio, parlare del Creatore, del Signore, di colui che può tutto, di colui che è l'Onnipotente e l'Eterno; ma parlare di Te, o Gesù, diventa ancora più profondo e più bello perché, mentre Dio nessuno lo ha mai visto, tu invece sei stato uno di noi, ti sei fatto vedere: "**il Verbo si è fatto carne ed ha abitato in mezzo a noi**".

Tu ti sei fatto uomo per parlare ad ognuno di noi e all'umanità intera, per lasciare la tua Parola indicandola proprio come la Verità, come Parola di Dio; ti sei quindi fatto messaggero del Padre, sei diventato il volto amoroso di Dio Padre in mezzo agli uomini, tu il Cristo, l'Unto del Signore, il Sommo Sacerdote, l'eterno.

La tua vita, o Gesù, è stata densissima: tanti incontri, tante amicizie e, anche se solo in tre anni, nella tua vita pubblica hai inciso la storia in maniera indelebile che mai si potrà cancellare. Hai incontrato una umanità sofferente, tanti ammalati; hai incontrato tante miserie, tanta solitudine, tanto peccato e hai sempre teso una mano, hai sempre guarito, aiutato, perdonato, risollevato, hai sempre……sorriso.

È bello, Signore, pensare a te che sorridi, pensare a te che, giudice della storia e dell'umanità intera, sorridi perché ami.

Qualcuno doveva pagare per le colpe dell'uomo, qualcuno doveva soffrire per questa ingrata umanità, qualcuno doveva donarsi per riunire la creatura al suo Creatore, Tu ti sei fatto avanti, ti sei offerto liberamente, agnello senza macchia; hai voluto dare di nuovo la vita al creato così come il Padre in principio l'aveva data all'universo intero creando l'uomo **a Sua immagine e somiglianza**.

Tu hai dato la vita affinchè il nostro spirito riprendesse a vivere, affinchè la nostra anima non rimanesse nelle tenebre della morte, affinchè la porta del nostro destino, l'eternità, fosse nuovamente spalancata.

Signore, tu non vuoi che l'uomo si perda, che l'uomo si smarrisca, che l'uomo si confonda nelle miserie di questa terra; ed anche se egli lo fa e continua a farlo, Tu sei sempre pronto a sorridere, a tendergli una mano, a perdonarlo, ad amarlo. Tu vuoi che l'uomo viva, che l'uomo sia il vivente per sempre.

Come dirti il nostro grazie, come dirti la nostra riconoscenza, Signore? Neanche nostro padre e nostra madre ci amerebbero come Tu ci hai amato e ci ami; nessuno dei nostri amici o parenti ci perdonerebbe come tu ci perdoni, nessuno ci verrebbe incontro e ci comprenderebbe come Tu fai.

Come dirti allora il nostro grazie, amico Signore Gesù del Sorriso?

L'universo intero guarda a te, Signore; le stesse cose create, gli animali della foresta, gli alberi, i fiori, le piante, l'alba, il tramonto, le stelle del cielo, i pianeti e l'universo intero guardano a te, Signore, e Tu hai voluto amare proprio noi!

Hai amato e ami me, hai amato e ami il fratello che mi è accanto, hai amato e ami tutti noi che non meritiamo. Tu, invece, ci hai fatto oggetto del tuo amore.

Per tutto questo, Signore Gesù, che cosa vuoi in cambio? E che cosa noi possiamo darti?

Il tuo amore chiede amore, il tuo perdono chiede perdono, la tua misericordia chiede misericordia. Noi non sappiamo né perdonare né avere misericordia verso i nostri fratelli, però capiamo che tu sei presente in loro, in coloro che incontriamo, in coloro che sono il rifiuto di questa società, di coloro che sono i piccoli, i poveri e che non valgono e contano nulla agli occhi dei potenti.

Tu sei in loro, sei in chi soffre, sei nei poveri, sei in coloro che non hanno una casa né un pezzo di pane, ed ecco perché ci chiedi che il nostro amore, il nostro perdono e la nostra misericordia li diamo a loro, perché in loro ci sei tu.

Ci consoli, Signore, la tua promessa:" **se darete un solo bicchiere d'acqua fresca ad uno di questi miei fratelli più piccoli, voi l'avrete dato a me".**

Per questo bicchiere d'acqua fresca, dato con amore, avremo in cambio l'eternità, la vita, il paradiso. Vedremo per sempre il Tuo Volto Sorridente..

OGNUNO DI NOI

Ognuno di noi vive la sua vita, la sente veramente come la sua vita e crede che, così come è nella realtà, sia irripetibile.

È bello pensare che ciò che vivo dall'infanzia fino alla vecchiaia è un qualcosa di mio, qualcosa che posso liberamente scegliere e decidere. È bello sapere che posso impegnarmi in un settore della vita come la scienza, la tecnica, l'arte, che posso dedicarmi a nuove scoperte, che posso scegliere ciò che desidero essere. Vivere il tempo libero, il lavoro, gli impegni, le vacanze e spendere e vivere la vita nel modo che più mi aggrada e mi piace.

Ognuno di noi si sente padrone e signore della propria libertà. Posso confondermi in mezzo agli altri, tra quelli che mi abitano accanto, oppure quelli che vivono con me, ma la vita che vivo è un tesoro personale e come tale lo debbo sempre conservare.

Ma, se mi guardo bene intorno, mi accorgo della esistenza degli altri, di quelli che mi sono vicino, di quelli che condividono con me la vita o che mi passano accanto anche se solo per un momento. Quindi mi accorgo che non sono solo.

Accorgersi di non essere soli, vuol dire aver saputo guardarsi intorno, guardare gli altri e vederli con la giusta impostazione: **io e gli altri e di riflesso, ognuno di noi!**

In questa dimensione la mia vita, il mio tempo, le mie cose, entrano in un rapporto inevitabile con gli altri, uno stare insieme agli altri, un condividere con gli altri ed anche la stessa libertà, mi accorgo che è mio ma anche degli altri, le espressioni della mia vita sono mie, ma anche degli altri, la stessa gioia e la stessa felicità che io cerco, bramo e voglio, le cercano e le vogliono anche gli altri.

Alla fine è chiaro che ognuno di noi ha le stesse esigenze, le stesse tendenze, gli stessi bisogni, la stessa vita e le stesse cose dell'altro.

Qui nasce il punto difficile da accettare ed è qui che sorgono grossi problemi. La mia libertà non è una libertà incondizionata e totalitaria, ma arriva fin dove inizia la libertà dell'altro, le mie decisioni possono arrivare fin dove iniziano le decisioni dell'altro.

È impensabile una libertà che viva e cresca con il sopruso fatto all'altro, con il condizionamento posto alla libertà dell'altro; è impensabile che la mia felicità, per esistere, debba vedere la tua infelicità o, la mia gioia causare la tua tristezza.

Tutto questo è impensabile.

Ognuno di noi esiste così come è, ma esistono anche gli altri così come essi sono.

Domandiamoci: l'ideale allora qual è? È incontrarsi, è capirsi, è aiutarsi, è vivere serenamente, amare, perdonare; è godere tutto ciò che ci appartiene insieme. E' abbracciare ciò che è la vita e ciò che è questo universo, insieme.

Con questa dimensione interiore e con queste certezze profonde, che diventeranno uno stile di vita concreta, ognuno di noi vivrà la sua vita in modo pieno, senza togliere niente all'altro, senza dovere rendere infelici gli altri per essere noi felice, senza cercare di strappare niente a nessuno.

Ognuno di noi vivrà serenamente la propria esistenza, se saprà guardarsi intorno, se saprà condividere le piccole o le grandi gioie così come i piccoli o grandi dolori; guardarsi intorno per accorgersi degli altri, in modo particolare delle cose belle degli altri, della vita degli altri, della stessa esistenza degli altri. Guardarsi intorno per arricchirsi ancora di più, perché è proprio nella varietà la bellezza dell'esistenza.

Quale monotonia sarebbe se fossimo tutti uguali! Che bellezza, invece, la varietà, la ricchezza, lo splendore e l'abbondanza della varietà nella natura e nell'uomo e così in ognuno di noi!

Esistere così, insieme, camminare insieme, condividere insieme, gioire insieme, percorrere la vita insieme, per poter vivere bene, per poter costruire bene la propria esistenza. Ed essere felici per le piccole cose che la vita ci dà, che diventano poi cose grandi, perché l'importante è come le viviamo e quanta intensità mettiamo in esse e quanto riusciamo con gli altri, a capire e a vivere.

IL MALE NEL MONDO

Quando Dio creò l'universo, lo fece secondo la sua santa volontà, lo riempì di ogni grazia e benedizione secondo un progetto d'amore, un progetto di comprensione, un progetto di pace. **E Dio vide che le opere da lui create erano buone e giuste** e continuò a creare giorno dopo giorno, per arrivare al sesto giorno, quando disse: **"Facciamo l'uomo a nostra immagine e somiglianza"** significava dargli il più grande dono che mai creatura avesse potuto sperare o desiderare: non era solo il dono della vita ma addirittura il dono dell'anima, il dono della libertà, il dono di essere se stessi, di poter vivere in un mondo autonomo e completo. **E Dio vide che tutto ciò che era buono e fu sera e fu mattino.**

Ripensando a questi passi della Sacra Scrittura risalta alla mente con grande evidenza come il Signore abbia fatto tutte le cose con amore, come le abbia poste in una relazione di amore fra di loro e soprattutto non abbia creato nulla che impedisse l'amore ma anzi tutto ne fosse animato in un processo di crescita. Ma allora perché il male? Perché la disobbedienza, la tristezza, la sofferenza, la morte? Perché tutto questo male è entrato nel mondo e non per un atto di volontà del Creatore, ma per un atto di disprezzo e di odio del nemico di Dio?

Il maligno ha voluto distruggere la perfezione delle cose create, cercando di toccare il cuore dell'uomo e la sua vana gloria, strumentalizzando i suoi sentimenti e l'uomo, per quell'immenso dono della libertà, ha potuto anche scegliere il male.

Tra Dio e il male, ha potuto anche seguire il male benchè avesse conosciuto con tanta chiarezza il Bene, benchè avesse sperimentato con evidenza la grandezza dell'amore di Dio. Questo uomo ha scelto il male, ha aderito al male, ha accolto dentro di sé tutti i frutti del male: la cattiveria, la disobbedienza, la violenza, la disonestà, la vanagloria, l'arroganza, la guerra, la morte.

Egli, in un attimo solo, ha accolto dentro di sé tutte queste cose e le ha fatte diventare parte della sua vita e della sua storia; ha dato loro un valore che esse non avevano mai avuto e, anche se esisteva il male, non aveva né potenza né forza ma, una volta penetrato nel cuore dell'uomo, ha acquistato quella ampiezza che mai avrebbero potuto avere senza il sì di adesione dell'uomo.

Questa non è storia passata, è purtroppo la storia di tutti i giorni, è la mia e la tua storia. È la storia di ognuno di noi che, benchè con tanta evidenza conosciamo il bene, ne vediamo la strada, tantissime volte scegliamo il male, aderiamo ad esso e non facciamo altro che ripetere quel sì al male e quel no alla grazia.

Dunque, cosa fare? Quale strada percorrere? Domandiamoci se la strada del bene è giusta e naturale e come possiamo seguirla. La risposta è che dobbiamo utilizzare la personale capacità di scegliere in modo autentico, giusto, retto e santo, scegliendo sempre e comunque Dio, scegliendo solo il bene al di là del male e dei suoi interessi, scegliendo sempre la strada della verità e della giustizia, anche se più difficile, perché e cosparsa di atti d'amore e di sofferenza, di atti di perdono e di comprensione.

Anche se costa, questa è la strada del bene, questa è la strada della verità, questa è la strada per l'eternità. Il male non dura, non regna, non trionfa, mentre il bene sarà il trionfatore della storia.

CON IL SUDORE DELLA FRONTE

Le meraviglie dell'universo sono tutte frutto dell'amore di Dio, del suo atto creativo che dimostra quanto Egli ama l'umanità; ma sono anche frutto del sudore della fronte dell'uomo, del suo lavoro, del suo impegno proprio perché Dio ha dato a lui questa grande responsabilità: mantenere il creato, di renderlo sempre più prospero e di esserne il signore e dominatore.

Nella Bibbia, nel libro della Genesi, è detto che l'uomo ha dato agli animali il nome da lui scelto: questo indica la sua signoria su l'universo creato, sulla natura, sulla terra stessa che avrebbe coltivato, avrebbe bagnato con il suo sudore per poter sfamare sé stesso e la sua famiglia. La terra avrebbe risposto con abbondanza di frutti in proporzione al suo lavoro.

In questo progetto che Dio ha pensato per gli uomini visti come operatori di crescita. Egli desidera che l'uomo riceva i doni dell'atto creativo, ma che metta anche del suo, egli vuole che l'uomo goda ciò che il creatore gli ha dato ma si impegni anche a renderlo migliore e ad essere meritevole di ciò che ha ricevuto.

In un certo senso Dio vuole che l'uomo sia corresponsabile di quello che Lui gli ha donato: il lavoro dei campi così come il lavoro dell'intelligenza dovranno servire al bene dell'umanità. Non è un abbassarsi, un diminuire in dimensione, è invece un crescere proprio perché il mio lavoro di oggi crea il mio domani, il mio impegno di oggi genererà sicuramente un domani migliore. Quanto più mi impegno, altrettanto il mio e l'altrui lavoro, domani saranno migliori.

L'uomo è finalizzato proprio a questo atto che non è soltanto di conservazione di se stesso e del mondo che lo circonda, ma un atto quasi di creazione, un atto elevato, nobile, duraturo, che non vedrà il tramonto del giorno o della vita del singolo uomo che passa ma vedrà l'alba del domani e la gioia dell'eternità.

È bello inoltre pensare che ciò che io faccio oggi mi servirà domani e potrà servire anche a qualcun altro, anzi sicuramente il domani servirà a qualcun altro e così, come io ne ho tratto vantaggio, altri ne potranno trovare vantaggio dopo di me. È bello pensare che il mio lavoro non finirà con me ma continuerà, avrà un significato, avrà un senso, uno scopo, un perché anche dopo di me.

È importante capire questa dimensione dell'uomo come parte del creato, che non è una parte marginale ma dominante, una parte creatrice del creato, una parte generatrice del creato. L'uomo quasi come Dio, l'uomo con in mano le sorti dell'universo che con la sua intelligenza, il suo lavoro, può far crescere, progredire, far diventare migliore.

Soltanto così si comprende il valore del lavoro delle mani dell'uomo, il valore del sudore della sua fronte, il valore della sua intelligenza, il valore della sua stessa vita. Quelli che l'uomo vive non saranno dei momenti, degli attimi che passano e non tornano più, saranno momenti di eternità; lo stesso lavoro semplice, umile e povero sarà un lavoro che rimarrà per sempre.

Il Signore Creatore ha voluto condividere la sua creazione con l'uomo attraverso il lavoro lo ha fatto compartecipe del creato, gli ha addirittura affidato questo compito grande e immenso per il quale non può deludere il suo creatore.

Per questo nella vita bisogna impegnarsi, bisogna che ognuno di noi scopra la sua strada, veda quali sono i doni che Dio e la natura hanno posto in lui e li metta a frutto per sé e per gli altri; sia disponibile a tutto e a tutti e si doni all'universo intero.

Tutto questo perché? Perché come ci ricorda il Vangelo di Matteo: " **gratuitamente avete ricevuto, gratuitamente date".** Il lavoro, anche se ricompensato o retribuito, deve essere vissuto come un atto d'amore, deve essere offerto come dono a Dio, all'umanità e alla creazione tutta proprio perché tu, uomo, non passi inosservato, non sei un attimo fuggente, ma sei un soffio d'eternità.

IL TUO VOLTO... SIGNORE

"Onnipotente creatore dell'universo, Onnipotente Signore e padrone della storia, guarda quest'umanità tanto bisognosa di te, del tuo amore, della tua pazienza, della tua paternità. Guarda la miseria di ogni uomo che vorrebbe servirti, amarti, lodarti, cercarti e invece si ritrova immerso nel male e nel peccato.

Signore, sicuramente tu non baderai a tutte le cose meschine che noi compiamo; sicuramente guarderai alle cose profonde ed eterne come all'amore di Gesù tuo Figlio, che sulla croce ha dato la vita per ognuno di noi!

Non posso pensare, Signore, che tu sia severo o cattivo, non riesco a pensare che tu aspetti che l'uomo sbagli per puntargli il dito contro, per punirlo, per castigarlo...eppure, Signore, sapessi quanta gente lo pensa. Sapessi quanti dicono : ma che male ho fatto? Perché Dio mia ha mandato questa punizione? Tanti lo pensano perché non ti conoscono.

Avrei un grande desiderio nel cuore, ovvero chiederti di mostrare ancora una volta il tu volto all'umanità, ma tu hai già risposto nel Vangelo: hanno avuto Mosè e i profeti e quindi li ascoltano. Noi abbiamo avuto anche Gesù, abbiamo avuto il volto di Dio incarnato in mezzo a noi, abbiamo avuto la tua parola vivente e toccabile in mezzo a noi.

Io credo fermamente che tu sia soltanto Amore. Lo stesso creato che tu ci hai dato, le cose che hai fatto per noi, la vita e tutto questo scenario meraviglioso della natura, ci ripetono che Tu sei Amore!

Noi, Signore, ti dimentichiamo, ti abbandoniamo, ti trascuriamo, ti oltraggiamo...e tu continui ogni giorno a riempire i nostri occhi e la nostra vita di questo scenario d'amore, continui a donarci la tua bontà e la tua presenza misteriosa, la tua pace e la tua serenità; continui ad elargirci i tuoi doni per i quali non ti diamo niente in cambio.

Come possiamo allora pensare che tu sia cattivo, Signore, tu che sei l'Onnipotente, l'eterno, il tutto, l'amore, il Signore?

Sono certo che l'umanità intera si ritroverà in te perdonata, amata, aiutata proprio perché tu hai detto, tramite Gesù, che basterà dare un bicchiere d'acqua fresca a uno dei fratelli più piccoli, perché sarà come averlo dato a me e ci farà possedere il regno dei cieli.

Ti sei accontentato di chiedere soltanto un bicchiere d'acqua fresca, possibile che non trovi il modo, Signore, di portare le anime, anche soltanto per un istante della loro vita, a dare un bicchiere d'acqua fresca a qualcuno?

Possibile che l'uomo sia veramente così malvagio, sempre e costantemente malvagio? No, tu l'hai fatto buono e, anche se il peccato lo ha reso malvagio, la presenza della tua bontà rimane sempre in lui.

Questo è importante, Signore: noi sappiamo che la Tua bontà non verrà mai vinta né dal peccato né dal maligno né dalla morte. E se oggi, Signore, l'umanità ti si presenta così, a mani vuote, è perché non ha niente da darti se non le sue mani vuote. Accettale, Signore e riempile della tua grazia, riempile della tua misericordia, della tua onnipotenza, della tua bontà e del tuo amore.

L'uomo ha bisogno solo di questo: e se Tu non lo ami, chi lo amerà? Se Tu non lo perdoni, chi potrà perdonarlo? Se Tu non lo giustifichi, chi potrà giustificarlo?

Signore, l'umanità si rivolge a te, l'umanità ti cerca, l'umanità ti brama. Fai vedere il tuo volto, il volto del Padre, il volto dell'amore, il volto della misericordia e della fraternità, il volto della comprensione e del perdono, il volto della bontà...svelaci il tuo volto, o Dio.

Guardando il Tuo volto, l'uomo sarà più sereno, più felice, più fiducioso, perché saprà e non lo dimenticherà mai, che tu lo ami, che tu lo accompagni mano nella mano per i sentieri della vita e saprà che tu, onnipotente ed eterno, ben volentieri ti fai compagno di viaggio di quest'uomo per il quale hai dato tutto, anche te stesso, anche il tuo Figlio Gesù, per condurlo con te nell'eternità beata".

IL DRAMMA DELL'AMORE DI DIO

Questo universo così bello e meraviglioso non poteva celare se non un Creatore d'amore, un creatore di bontà; ma nessuno avrebbe mai pensato che nel cuore di questo Creatore ci potesse essere qualche desiderio nascosto ed anche qualche sofferenza.

Essendo un Creatore eterno, anche lo stesso desiderio in lui diventava eternità e la stessa Sua sofferenza veniva proiettata nella sfera dell'eternità.

Il Suo è un amore grande, ne è la prova la creazione, ne è la prova la delicatezza delle mille creature da lui generate alle quali ha dato il soffio di vita e che continua a mantenere in vita. È un amore, però, non pienamente corrisposto, non capito, non contraccambiato, un amore quindi sofferto.

In queste condizioni noi naturalmente avremmo subito abbandonato il campo, avremmo desistito dall'impresa; non avremmo più dato il nostro amore a questa creatura così superficiale, insensibile, irriconoscente quale poteva essere l'uomo che non corrispondeva all'amore di Dio.

Lui no. A tutti i costi questo Dio deve trovare una strada, deve trovare una soluzione, deve poter avere questa risposta d'amore, così come lui la desidera, non l'amore di un attimo ma un amore d'eternità. Questo significa dunque che, se l'uomo da lui creato non risponde a questo amore, è Lui stesso che si fa uomo per condividere la natura umana e corrispondere quindi pienamente all'amore di Dio Creatore.

Il creato esulta, il creatore, con questo atto, rende nuove tutte le cose. Eppure l'umanità ancora non comprende: ha accanto a sé questa presenza di Dio stesso e non la comprende, vede cose grandiose compiute delle mani e delle opere del Figlio Amore e non le comprende. Un uomo dalla dura cervice che ancora non ha capito questo amore di Dio, e ancora non lo corrisponde.

Ecco allora che il Padre chiede al Figlio l'atto supremo d'amore, davanti al quale nessuno avrebbe più dubitato dell'amore di Dio, davanti al quale non ci sarebbero più state scuse per nessun motivo e per nessuna ragione: chiede che il Figlio, offra la sua vita, la doni per poi riprendersela, per santificarla, risorta nell'eternità.

Il mistero della croce di Cristo diventa mistero della presenza di Dio, del dramma dell'amore di Dio. Quindi la croce non è soltanto un segno, ma diventa la risposta in un dialogo d'amore tra Dio e l'umanità. Nella Croce la creazione si unisce al suo Creatore e tutto ciò che essa vive, acquista un sapore diverso, perché è stata redenta, salvata, perché l'amore e la vita stessa hanno trionfato.

La croce diventa la pietra di confronto, la pietra di inciampo per ogni uomo che cammina su questa polvere della terra; diventa anche la misura dell'amore: se Dio mi ha amato a tal punto da mandare suo Figlio a morire per me, quanto io dovrò riamarlo? Diventa il dramma di quest'amore di Dio Padre che ancora oggi non è pienamente corrisposto, capito e riamato.

Forse anche tu, fratello, non hai corrisposto a quest'amore di Dio, hai pensato che non servisse perché Dio è tutto, hai pensato che Dio non avesse bisogno di nulla perché è onnipotente. Sì, è vero, ma Dio ha bisogno di te non per accrescere la sua potenza o la sua grandezza, ma per avere la risposta del tuo amore.

E' un Dio geloso, è un Dio esigente, è un Dio che vuole essere amato. Cosa c'è di più bello di qualcuno che vuole essere amato e che per primo ti dà il suo amore?

Se ogni uomo facesse così, se ogni creatura amasse per primo, come sarebbe diverso questo nostro mondo, come sarebbe diverso questo nostro rapporto di vita, come sarebbe diversa la nostra stessa umanità.

Ti invito, fratello a lasciarti amare da Dio ma soprattutto, quando avrai scoperto questo immenso amore, a rispondere con il tuo amore.

LA MISERICORDIA DI DIO

L'universo intero parla dell'amore misericordioso di Dio, ogni cosa creata dalla più piccola alla più grande, mostra questo amore e questa misericordia di Dio, ogni cosa porta in sé quasi il marchio, un dolce marchio, dell'amore di Dio.

Tutto l'universo risplende, nella varietà dei suoi elementi della misericordia di Dio. Le piante, gli animali e tutte le cose create hanno anch'esse bisogno di Dio, perché Dio è creazione misericordiosa.

Misericordia, innanzi tutto, è amore, ha come base l'amore. Vivere la misericordia è dunque un andare incontro all'altro.

L'altro che, essendo stanco, si è fermato a riposarsi; la misericordia gli va incontro, lo aiuta, lo solleva, lo incoraggia, lo sospinge dolcemente.

L'altro che è caduto in basso e non riesce più a rialzarsi; la misericordia di lo risolleva, lo rincuora, lo aiuta a riprendere il cammino, prende addirittura su di sé il suo peso per sostenerlo e cammina al suo posto.

L'altro che può essere deluso, svogliato, amareggiato, avvilito; la misericordia di Dio gli va incontro con un sorriso sincero e lo aiuta a ritrovare fede, fiducia, ad avere speranza e a riprendere la strada abbandonata.

È una grande consolazione la misericordia di Dio, ed è proprio questo il momento più bello della vita dell'uomo, quando ti accorgi che sei oggetto di tale misericordia. Tanti sono i momenti belli, ma questo diventa il più importante, il più profondo ed il più alto nello stesso tempo. Quando ti accorgi che tu, proprio tu, sei amato e sei accettato così come sei, sei desiderato e compreso così come sei, sai che questo è l'amore misericordioso che riempie la tua vita.

Non soltanto l'uomo, ma tutto l'universo trarrà un grande beneficio da questo amore misericordioso di Dio, perché tutti abbiamo bisogno di essere accettati così come siamo, con i nostri limiti, con i nostri pregi e difetti, ma soprattutto con il nostro desiderio d'amore quasi insaziabile.

Dio con il suo amore misericordioso sazia questa fame e questa sete d'amore e rende l'uomo felice perché lo rende libero, lo rende sereno, lo rende suo figlio, gli concede i suoi doni che sono gioia e pace. Dio concede anche il Suo stesso amore misericordioso.

Non senti anche tu questo desiderio nel profondo del cuore? Non senti una voglia grande e profonda e insaziabile di questo amore misericordioso?

Sicuramente sì. Nel tuo bagaglio ci sono tante delusioni, tante tristezze, tanti affanni, tante incomprensioni; però oggi hai scoperto questa nuova dimensione, hai scoperto questa nuova fonte dell'amore, hai scoperto che qualcuno ti accetta così come sei e non ti chiede nulla in cambio, vuole soltanto amarti e donarsi a te. E tu, nel momento in cui te ne accorgi, non puoi fare a meno di dire: "Eccomi";.

Risponderai allora all'amore con l'amore, alla misericordia con la misericordia, alla bontà con la bontà, alla luce con una vita di luce.

È così che il tuo desiderio di amore vero e puro si appaga, si sazia e non saranno più le cose di questo mondo a essere desiderate dal tuo cuore, ma ne desidererai soltanto una: l'Amore Misericordioso di Dio.

Immerso in tale amore vorresti cantare la tua lode all'Altissimo, all'Onnipotente, al Signore; vorresti cantare insieme a tutto il creato, nelle sue multiformi presenze, al Dio della Misericordia per rispondere a tale amore.

Cercherai sicuramente di amare tale Amore con tutto te stesso, ma lungo la strada ti accorgerai che Lui ti avrà amato ancora di più.

L'ANNUNCIO DEL VANGELO

Il Signore Gesù è venuto sulla terra per far conoscere la Verità, per far conoscere a tutti gli uomini il grande mistero del volto di Dio, un Dio d'amore, un Dio di misericordia, un Dio di bontà, un Dio di comprensione e ha voluto che questo messaggio dopo di lui fosse continuato tramite la Chiesa. L'annuncio del Vangelo è diventato il momento più importante della storia della vita della Chiesa.

Ogni creatura battezzata nel nome della Trinità scopre la sua natura, quella cioè di cristiano che porta Cristo, non soltanto nella sua vita, nella sua mente, nelle sue parole, nelle sue azioni, ma anche agli altri. Tutti, dal Santo Padre ai Vescovi, ai Sacerdoti e tutti i fedeli battezzati, in un modo o in un altro, con i mille aspetti e situazioni della vita quotidiana nonché con la sofferenza o con la gioia, tutti sono portatori dell'annuncio del Signore.

È importante, è fondamentale questo, perché Dio vuole che ogni uomo si senta partecipe di questo suo progetto: il progetto di un'umanità nuova, di un'umanità rinnovata nell'amore. Non soltanto i grandi uomini che parlano di Dio creano la storia, ma anche le persone semplici, quelle che apparentemente, agli occhi del mondo, sono insignificanti.

La storia che è come il mare: un'immensa massa di acqua che in fin dei conti è formata da tante piccole, singole gocce d'acqua.

Dunque ognuno di noi, ragazzo, bambino, giovane, consacrato, sposato, con qualsiasi tipo d'impegno, di lavoro, nelle diverse realtà umane e sociali,ognuno si deve sentire coinvolto ed impegnato in quest'annuncio del Vangelo, deve sentirsi impegnato a portare Cristo al mondo e con lui: l'amore, la pace, la preghiera e il desiderio di entrare in intimità con l'Altissimo.

Continua così la storia di un messaggio che viene, ancora oggi, ripetuto e lo sarà fino alla fine di questo mondo. Messaggio che dice: **" Dio ti ama, ti vuole bene, non bada alle tue colpe perché ti perdona, non bada ai tuoi peccati perché li ha già lavati con il sangue di Cristo sulla croce; Dio vuole che nella tua vita familiare, coniugale, scolastica, lavorativa, tu sia te stesso, tu sia felice testimone di Dio, tu sia un qualcosa che faccia vedere al mondo il volto di Dio".**

Fratello, la tua parola sia dunque la parola di Dio, il tuo gesto il gesto di Dio, la tua vita la vita di Dio! Allora il tuo essere parte di questa Chiesa, il tuo essere parte di questa storia avrà un significato profondo e si manifesterà attraverso un ruolo, attraverso un compito preciso che tu vivrai oggi ma che ti permetterà di vivere domani nell'eternità.

Vivrai in Dio, quel Dio che hai testimoniato, quel Dio che hai amato personalmente ma che hai fatto conoscere ad altri, che hai fatto anche vedere, che hai fatto capire, che hai reso quasi toccabile con la tua vita perché sei diventato tu stesso portatore e annunciatore e testimone del Vangelo.

Fratello, non pensare che questo sia un argomento che non ti tocca, anzi al contrario è un argomento che ti deve prendere totalmente perché, se vuoi essere veramente uomo, se vuoi essere veramente cristiano, devi portare il Vangelo non come un obbligo che costringa, ma come la tua normale dimensione di vita. La tua stessa vita sarà un portare il Vangelo, un parlare di Dio, un renderlo visibile in tutta la sua portata e dimensione.

Se non sei su questa strada, la tua vita deve cambiare, deve trasformarsi. Se vuoi essere veramente felice devi amare, devi perdonare, devi costruire il regno di Dio nella semplicità delle cose di tutti i giorni o anche nelle cose grandi, se il Signore ti ha scelto per questi ruoli. In ogni caso vivi la tua vita amando nel nome del Signore, vivi la tua vita perdonando nel nome del Signore, vivi la tua vita cercando la pace nel nome del Signore, vivila aprendoti all'universo e all'umanità intera.

Per creare un mondo migliore, per creare intorno a te uomini migliori che vivano anch'essi alla luce del Vangelo, il Vangelo della vita, il Vangelo della felicità, il Vangelo della grazia, il Vangelo della pace.

Fratello, ecco dunque la strada che il Signore ti indica, una strada maestra non un viottolo per pochi eletti, non un sentiero sconosciuto e senza meta.

Una strada maestra che ha come termine l'eternità in Dio e la contemplazione di ciò che hai annunciato.

L'UOMO E LA SCIENZA

L'universo intero r tutto il creato parla di un creatore così meraviglioso e così buono che ha dato vita alle cose, perché vivessero e perché continuassero loro stesse a generare la vita.

Ha voluto poi anche l'uomo, un uomo che fosse immerso in questo creato, in questa natura così ricca e così splendida e che con la sua intelligenza continuasse a porsi mille domande, continuasse a ricercare, a scoprire, a conoscere i misteri più profondi e più intimi di si stesso e del creato.

La Bibbia ci dice che: "Dio ha fatto l'uomo a Sua immagine e somiglianza, a immagine e somiglianza di Dio lo creò ", proprio perché l'intelligenza dell'uomo potesse arrivare a svelare i misteri della natura, del creato, i misteri di tutto ciò che esiste o sembra esistere: le cose, gli animali, le piante, le situazioni, le vicende, gli effetti, le sensazioni, il pensiero, la storia e poter così innalzare il suo sguardo di creatura verso il cielo, verso l'alto e, ancora una volta, dalle cose create incontrare il volto del suo Creatore.

E' un discorso tanto logico e consequenziale che non si comprende come mai nascano tanti dubbi, tante supposte difficoltà nella mente umana e dunque perché pensare ad ipotetici contrasti tra scienza e fede, tra il creato e il suo Creatore?

Perché non riflettere, invece, su ciò che è più naturale ovvero l'unione grande e profonda che c'è tra il creatore e la creatura? Perché non riflettere su questo?

E' forse pensabile o più accettabile che il Sommo Bene, l'atto creativo, abbia fatto le cose per caso? Che tutto sia stato generato da un fatto…..casuale?

Proprio perché l'uomo, e con lui la scienza, ricercano i principi vitali dell'esistente, vuol dire che ciò che esiste non è stato fatto per caso, ma con una regola, Lo stesso modo con cui le cose visibili sono state create e gli stessi principi che le reggono sono principi veri, validi in ogni luogo ed in ogni tempo, principi posti dal creatore, principi di eternità che superano lo stesso uomo che li studia e li ricerca.

Mille sono le domande che l'uomo si pone, e nella ricerca della risposta si imbatte in cose che non conosceva e che mai avrebbe pensato esistessero.

La scienza nell'indagare scopre ciò che già esiste, analizza e conosce ciò che già c'è, scruta nel profondo e nell'intimo esistenziale del più piccolo essere e ne vede i movimenti ne scopre le modalità, ma, questi esseri già ci sono, già esistono e le loro regole vitali già erano poste anche se io ancora non li conoscevo.

Da questa consapevolezza l'uomo si apre all'universo, alla bellezza della natura, all'infinito, a Dio.

L'uomo della scienza, così come l'uomo della strada, inevitabilmente incontrerà Dio, vedrà Dio perché il suo volto è ovunque, nelle cose semplici, negli esseri microscopici, nel cielo stellato, nelle nuvole che scompaiono, nei fiori dei campi.

Ovunque è presente il volto di dio, ed è una esperienza meravigliosa riuscire a vederlo! Che gioia poterlo contemplare ogni giorno nel sole che sorge e la sera salutarlo quando il sole tramonta; che gioia potergli dire grazie per la luna e le stelle, per i pianeti, le galassie e la miriade di luci presenti nel firmamento, per tutto ciò che l'uomo può vedere e scoprire, per la ricchezza e la varietà di ciò che Lui ha creato.

Che gioia potergli dire grazie per le cose grandi e per quelle piccole, per le cose importanti ma anche per quelle semplici, umili ed apparentemente insignificanti.

Un uomo che si dedica alla scoperta dei misteri della natura, chi si dedica a guardarne e conoscerne la profondità, non capisca, non incontri, non veda la mano del creatore! Non può perché, al di là dell'essere un uomo di scienza e forse proprio in quanto scienziato, è un uomo e si accorge che come uomo può soltanto analizzare, scoprire, tentare, provare, ma per il resto l'atto creativo gli sfugge, non è alla sua portata.

L'uomo potrà svelare qualsiasi cosa, ma il mistero della vita, il mistero dell'atto creativo stesso, lo supera e lo sorpassa.

In questo secolo viviamo grandi momenti di progresso, grandi scoperte, grandi innovazioni, e grande voglia di comunicazione tra diversi mondi che coesistono.

Occorrono uomini aperti, disponibili, non superficiali o presuntuosi, che abbiano cuori e menti aperte e non prevenute nella ricerca e nella analisi; che non partano da idee preconcette ma sappiano scoprire l'atto creativo e chi lo ha compiuto, che sappiano – tramite le cose studiate, analizzate e create – ripercorrere la vita primordiale e comprendere il senso profondo di questo inizio vitale.

Che sappiano riscoprire ciò che conta, riscoprire la sorgente, l'essenza, il principio senza il quale nulla esisterebbe, riscoprire il Creatore per essere veri scienziati e uomini più autentici.

GLI ORRORI DELLA GUERRA

" Tutto è possibile con la pace, tutto è perduto con la guerra".

Sono le parole di un grande Pontefice, Pio XII, che ha vissuto nella sua vita e sulla sua stessa carne l'odio fra i popoli, le bramosie e i desideri di conquista di nazioni o di capi che desideravano il potere a qualsiasi prezzo.

La guerra è il risultato dell'odio. Essa genera dolore, e provoca morte, distruzione, ingiustizie, tristezze, abbandoni, sofferenze, incertezze, dubbi, terrore. Provoca tutto quello che c'è di più orrendo sulla terra. E anche se le folle, alle volte, osannano alla guerra e anche se i capi pensano di agire per giustizia e con rettitudine, ogni volta che un uomo muore, ogni volta che un uomo perde la vita, l'umanità è sconfitta!

È proprio questo il grande dramma dell'umanità, che pensa di possedere una pace duratura con l'antitesi della pace, che pensa di ottenere la libertà con il sopruso, che si illude di ottenere la giustizia compiendo la più grande ed orribile ingiustizia

Un'umanità così organizzata è un'umanità che cade talmente in basso che con grande difficoltà riuscirà a risollevarsi. E' un'umanità che dimentica di avere un cuore, che dimentica di avere una vita, che dimentica di avere degli affetti, che dimentica che esistono anche gli altri.

Ogni uomo che vive, ogni uomo che muore, ripete ancora il grido più vero: **PACE, PACE**, tutto si può con la pace.

Tante volte basta poco per avere la pace e quelle che sembravano questioni insormontabili sono invece spesso granelli di sabbia.

Ma allora, perché la guerra? Perché tutto questo? Perché l'uomo chiude il suo cuore e si fa prendere dall'abisso della violenza e dal più basso dei sui istinti.

Non sa più uscirne, non riesce più a liberarsene, diventa schiavo della parte peggiore di se stesso! Ancora una volta, bisogna ricondurre l'umanità alla pace, per non generare questo dramma, questi lutti, queste violenze, queste distruzioni; per non lasciare spazio alle lacrime, al pianto, al dolore, alla morte, al vuoto.

La pace è Dio stesso, è il dono di Dio, è un dono che non può essere disprezzato. Vivere nella pace vuol dire vivere con Dio, cercare Dio, desiderare profondamente, totalmente Dio.

Fratello ! Tu sei un uomo di pace? Nel tuo esistere, vivi in pace? Vuoi la pace? Desideri e cerchi la pace? La tua vita è una vita di pace?

Ricorda la parola del Vangelo: "Beati i portatori di pace perché saranno chiamati figli di Dio". E' una delle otto beatitudini descritte nel Vangelo. Ed ancora:

“ pace in terra agli uomini di buona volontà”, è l’annuncio dell’angelo ai pastori di Betlemme.

Tu, uomo d’oggi che credi di poter tutto con la scienza e con la tecnica, con le grandi scoperte, Tu, vuoi la pace? Vuoi la pace per creare il progresso, vuoi veramente l’amicizia tra i popoli, oppure il tuo sentimento d’amore è pieno di guerra, e dentro di te c’è solo tormento e nella tua esistenza non sai vedere altro che la rivalità, la arroganza, l’odio e il sopruso?

Se è realmente così, cambia vita, cambia modo di pensare, spalanca i tuoi occhi, guarda lontano.

La tua vita d’oggi passa, le tue sicurezze d’oggi finiscono e dopo, cosa ti resta? Il tuo odio, i tuoi rancori, le tue rivalità, le tue lotte, le tue guerre?

Cosa ti resterà in mano? Macerie, lutto, morte, tormento.

Se vuoi vivere, cerca la pace e vivi in pace.

OGGI E' NATALE

Gesù è venuto in mezzo a noi, è nato e si è manifestato per quello che era: il Figlio di Dio.

Gesù ha voluto insegnarci la vita di povertà, la semplicità, l'innocenza; ha voluto farci comprendere che Dio ama talmente l'umanità che non bada ai suoi peccati, ai sacrifici.

L'amore di Dio supera qualsiasi cosa e, in mezzo ad un mondo distratto, Egli si fa uomo. Mentre tutti continuano nelle loro faccende, nei loro impegni, nelle loro attività, nel loro lavoro, Dio assume l'innocenza di un bambino, diventa realtà umana.

Nel freddo, nel gelo, nella notte buia, Dio viene in mezzo a noi. E' bello pensare a questo Dio che si manifesta, che si fa vedere; è bello pensare a questo Dio che, con grande semplicità e con grande umiltà, vuole incontrare l'umanità intera.

Egli vuole che l'uomo non si senta solo, desidera che si accorga di essere amato. Nasce per farci conoscere quanto è grande l'amore di Dio, quanto è profondo il dramma del suo amore e vuole che suo Figlio, vero Dio, diventi anche vero uomo.

Egli, da creatore dell'universo e padrone della storia, diventa creatura, diventa momento della storia, diventa attimo della umanità.

La sua presenza in mezzo a noi diventa la presenza più grande, la presenza sublime che sradica le radici del male dal più profondo dell'uomo e lo innalza verso il cielo.

L'universo stesso, da arido deserto senza vita, acquista una nuova dimensione, una nuova vita, perché Dio stesso si è manifestato come colui che può tutto ma non disdegna di diventare quasi "niente". Si è manifestato come il re dell'universo ma diventa quasi subito, schiavo, servo della stessa sua creatura.

Tutto questo i Magi, in quella capanna di Betlemme, lo hanno reso visibile, comprensibile in maniera chiarissima; l'oro, l'incenso e la mirra sono i doni fatti al re, i doni fatti alla divinità ma anche fatti all'uomo, l'uomo che morirà sulla croce, infatti sarà unto con quell'olio per la sua sepoltura.

Ecco allora la dimensione vera del Natale e del tempo del Natale**: Dio con noi, Dio in mezzo a noi, Dio per noi, Dio che ama noi, Dio che pensa a noi, Dio che si dona a noi, Dio che muore per noi,** per amore nostro, per salvarci, per liberarci dalle catene del male. "Il Verbo si è fatto carne ed ha abitato in mezzo a noi".

Una nuova luce si è accesa all'orizzonte e questa luce ripete ancora una volta: "io sono la luce, io sono la via, io sono la verità." E ancora:" Venite a me voi tutti che siete affaticati ed oppressi io vi ristorerò: mettete il vostro giogo su di me, sulle mie spalle, lo porterò io per voi", in sostanza ci dice: fidatevi di me.

Fratello, forse anche tu hai vissuto il tempo di Natale come tutti o forse anche con questi sentimenti nel cuore, ma non so con quanta intensità tu l'abbia vissuto.

Ebbene, ricordati sempre che se non riesci a far nascere Gesù nel tuo cuore non è Natale, e se quest'oggi nel tuo cuore non c'è Gesù non è Natale; e se domani nel fratello che ti è accanto, nel povero che ti chiede l'elemosina, in quella persona che ti è antipatica, tu non riesci a vedere Gesù non è Natale. Sarà stato soltanto un tempo di vacanza, un tempo di divertimento, un tempo di cose belle vissute umanamente, forse anche commoventi, ma non è stato Natale.

Fratello, ricordalo sempre: la tua vita, i tuoi giorni, i tuoi anni, i tuoi Natali devi viverli ogni attimo, devi viverli ogni momento, perché se Dio si è manifestato sulla terra, se Dio si è fatto vedere, lo ha fatto per te, proprio per te, per la tua salvezza.

L'ACCOGLIENZA

Un volto che ti sorride, una mano tesa verso di te: questo può essere il primo gesto che ti fa comprendere che chi lo fa ti vuole bene. Basta veramente poco per indicare che esiste l'amore fraterno, il desiderio di donarsi, il desiderio di aiutare, il desiderio di vivere in armonia con il creato e con le stesse creature.

Quindi il gesto semplice di una mano tesa, di uno sguardo coronato dal sorriso, di due braccia spalancate quasi, indicano proprio questa grande disponibilità, questa voglia di essere fratelli, di essere amici, di voler camminare insieme, di voler condividere l'universo e il creato intero.

Quanto è triste, invece vedere, una mano non tesa, oppure una mano protesa nel chiedere aiuto e l'altra che rimane chiusa, lontana, fredda, distaccata.

Quanto è triste vedere un volto che rimane indifferente, impassibile, che non sorride perché è chiuso in se stesso, ma quanto è più sofferente colui che si vede non accolto, si vede rifiutato, si vede non amato.

L'uomo che la prova vive una grande sofferenza che certamente cambia la vita, modella e trasforma le stesse azioni della vita.

Pensa Fratello che tu, un giorno, ti accorgessi di non essere voluto, di non essere amato, cercato, quando addirittura oltre all'indifferenza vedi l'avversità, l'odio, il contrasto, inevitabilmente dentro di te nasce la ribellione, la amarezza e nasce forse, anche, il desiderio della vendetta.

E' chiaro allora che i risultati saranno negativi, veramente terribili; sarà annientano tutto ciò che di più bello e di più importante c'è nella mente umana, nella vita, nelle cose, nelle vicende e nelle azioni.

Accogliere è un grande dono, è una grande capacità: chi sa accogliere, sa essere felice e non soltanto fa del bene, non soltanto aiuta, non soltanto sostiene e incoraggia, ma rende felici, solleva le anime, dona giustizia. L'egoismo viene così bandito, viene allontanato, viene annientato e rimane soltanto il saper accogliere, soltanto il puro gesto dell'amore, il gesto del sorriso e tutta la vita si trasforma.

Accogliere l'altro, dunque, si trasforma in gioia, aiutarlo a diventare migliore, a vivere più umanamente, si cambia in felicità.

Fratello, la tua vita è importante, tu sei importante perché da te, dalle tue azioni, dai tuoi sentimenti, dalle tue espressioni, dipende anche la felicità degli altri, dipende la stessa vita degli altri. Pensa allora quanto tu vali: da te dipendono gli altri!

È enorme la portata di questa realtà, ma forse tu ancora non l'hai ben compresa; forse hai pensato che eri solo te stesso, che dovevi vivere unicamente per te; forse hai pensato che l'altro è quasi sempre un nemico, un avversario, un qualcuno che devi sconfiggere, annientare, eliminare per star bene tu.

Guardati intorno, guarda l'universo, guarda il creato, guarda l'opera di Dio: non vedi che meraviglia, non vedi che c'è posto per tutto e per tutti? Non vedi com'è grande, provvidente e misericordioso il Signore? Ogni giorno fa sorgere il sole sui buoni e sui cattivi e ogni notte stende il suo manto sia sui buoni che sui cattivi.

Perché? Perché l'amore misericordioso di Dio, perché la giustizia di Dio non corrispondono al tuo o al mio metro di giustizia, quasi sempre un metro tipicamente umano, egoista, limitato.

Fratello, è per questo che ti chiedo di saper accogliere il fratello e di prendere coscienza che chiunque è accanto a te è tuo fratello. Potrai avere come fratello il nomade, lo zingaro, il barbone, il drogato, l'ignorante, l'incapace.

Ogni uomo è tuo fratello. Come fai a non amarlo?

Chi sei tu per non amarlo, quando Dio stesso lo ha amato a tal punto da mandare suo Figlio Gesù a morire sulla croce per salvarlo, per accoglierlo, per perdonarlo?

G8, LA RIVOLUZIONE E CARLO GIULIANI

Genova, una città sconvolta.... G8 tragedia a Genova...Città sconvolta dagli scontri.... Ucciso un ragazzo da un carabiniere.... Ducento i feriti... miliardi di danni.....la polizia carica i dimostranti pacifisti.......appello dei Grandi......centinaia gli arrestati e gli indagati..... malmenati dalla polizia.....ASSASSINI !

Questi alcune delle migliaia di titoli sui giornali in quei fatidici giorni del G8 a Genova. E pensare che Genova e tutte le sue autorità si erano preparate a questo grande appuntamento nel migliore dei modi, inviando al mondo giornalistico e radio-televisivo un pacco dono con la storia, l'arte, i video ed omaggi di prodotti tipici della città, per invitare il mondo a vivere nel migliore dei modi questo appuntamento tanto atteso e tanto discusso.

Ma..... evidentemente, le buone intenzioni e la buona preparazione non sono servite a molto. Altro vi era dietro tale evento ed è emerso nella forma più chiara ed evidente che da anni non si vedeva più in Italia.

Carlo Giuliani, il ragazzo di 23 anni ucciso dal Carabiniere, giovanissimo anche lui (solo 20 anni), non conosceva questo Carabiniere, non lo aveva mai incontrato, di certo non poteva rimproverargli qualcosa, eppure Carlo gli si è scagliato contro con tanto odio ed avversità (così ce lo hanno mostrato le foto scattate dal fotografo della Reuters, Dylan Martibez che si è trovato casualmente in quella zona di Genova ed ha documentato scatto dopo scatto il prima, il durante ed il dopo del fatto).

Carlo aveva qualcosa contro quel carabiniere? Tutti sappiamo di no, eppure lo abbiamo visto mentre lo aggrediva e minacciava la sua vita con un estintore in mano.

La domanda che mi pongo ancora oggi è: Carlo cosa vedeva in quel giovane carabiniere e cosa sperava di dimostrare o di ottenere con il suo atteggiamento di distruzione ?

Vedeva forse il quel Carabiniere uno Stato Italiano colpevole ? Eppure anche Carlo era italiano. Vedeva forse in quel carabiniere la causa del disagio e dei problemi dell'Italia ? Eppure ben sappiamo che siamo in libertà e democrazia esprimendo liberamente le nostre idee. Vedeva forse, finalmente, la possibilità di mettere in pratica ciò che sempre, nei dialoghi e nei discorsi aveva sentito in famiglia ma mai visto realizzare? E pensare che lo stesso padre, in dichiarazioni successive, sembra si sia distanziato non approvando il comportamento del figlio. Allora, cosa aveva in mente e nel cuore Carlo Giuliani e come lui tutti gli altri black bloc ? Ecco la risposta:

.... LA RIVOLUZIONE.

Una rivoluzione che nasce dalla violenza, si alimenta di violenza, e …..muore con la violenza.

Una rivoluzione che vuole sovvertire il mondo, le istituzione, il costume, …la vita, e tutto in un attimo e senza mezzi termini, imponendo il proprio punto di vista senza il rispetto e la considerazione, anche se pur minima, delle idee e convinzioni altrui e senza una precisa idea di fondo?

Una rivoluzione fatta in nome della giustizia e della solidarietà con i popoli, senza comprendere che l'atto in se stesso è già un gravissimo gesto di INGIUSTIZIA e di profondo EGOISMO?

Una rivoluzione che con bombe, violenze, distruzioni, feriti e morti, si illude di portare la PACE?

Ma allora….. **LA RIVOLUZIONE è la strada giusta da seguire oppure no ?**

Si è sicuramente la strada giusta, ma non con quella attuazione di..illusione e di morte.

La vera **RIVOLUZIONE E' QUELLA DELL'AMORE**.

Essa non cerca di violentare, di distruggere le cose o uccidere le persone, ma cerca di entrare nel cuore degli altri vivendo per primi quel che si chiede che gli altri vivano.

Una rivoluzione che si nutra d'amore, di collaborazione, dove l'intera umanità si riconosca nella fraternità ed incontrandosi non si veda un nemico, ma un fratello che come te ha voglia di un mondo più giusto e più umano.

Una rivoluzione che partendo da un ideale vero e profondo, dia la vita. Non come è accaduto a Genova (una vita strappata e tolta in un rapporto di violenza reciproca) ma come accade ogni giorno in tutto il mondo (ed i media non ne parlano e discutono mai tanto a lungo), dove centinaia di uomini e donne donano la vita in nome di un ideale, l'AMORE PER UNA UMANITA' MIGLIORE.

Ecco allora cosa poteva essere Genova: la grande occasione, perduta, per dire ai Grandi del mondo che l'umanità attende gesti concreti di : uguaglianza, giustizia sociale, solidarietà, eliminazione delle diversità di vita, abolizione della schiavitù, ma soprattutto l'umanità si aspetta una nuova mentalità globale d'amore dove si pensi non secondo gli schemi dell'economia e del progresso consumistico di pochi o dei paesi già ricchi, ma secondo il bisogno di miliardi di abitanti del nostro pianeta che sono poveri, abbandonati, soli e sempre dimenticati.

Se inserita in questo contesto, quanto più nobile, significativa e densa di valore sarebbe stata la offerta della vita di Carlo.

LA PREGHIERA

La vita è sempre piena di mille situazioni, di mille storie, ma è bello in alcuni momenti poter elevare il proprio sguardo, elevare il proprio spirito verso l'alto, verso l'eterno non ha confine, verso Dio stesso.

È bello, è dolce, è profondo, è indispensabile pregare. Anch'io sento forte questa esigenza perché, sia nei momenti della gioia che in quelli della prova, la preghiera mi rende sostiene ed attraverso di essa tutto diventa così vicino a Dio, tutto riacquista quel colore perduto, il colore di Dio.

Nel momento della preghiera, nel rivolgersi verso l'Altissimo, c'è anche la scoperta di se stessi, c'è la predisposizione a guardarsi dentro, nel proprio intimo e di conseguenza comprendere chi sei, cosa fai, cosa vali, cosa pensi, cosa dici, cosa significhi.

Pregare quindi, oltre che guardare lontano, permette di guardarsi dentro, e nel momento in cui si chiede si sa anche donare, nel momento in cui si tende la mano per prendere la si sa tendere ugualmente per donare.

Ecco allora, Fratello, il significato della preghiera, del cuore che e dell'animo umano che si innalza verso Dio, Con la preghiera tutto acquista un gusto diverso, un sapore diverso, una forza nuova, una capacità di dilatare la propria anima.

Non sto a dirti qui quanto sia importante pregare, ma voglio solo farti percepire la bellezza della preghiera, farti percepire la liberazione che nella preghiera ottieni, quando, ad esempio, rivolgendoti a Dio con la confidenza naturale del creato, con la confidenza della creatura che parla al suo creatore, con la confidenza dell'amico che parla all'amico, con la confidenza di chi apre totalmente il suo animo e il suo spirito senza lasciare lati oscuri all'altro, il tuo pregare diventa vivere.

La preghiera cambia la vita e trasforma l'esistenza; il pregare arricchisce l'uomo, lo colloca accanto a Dio, e lo sazia della Sua presenza.

Se non hai mai provato queste sensazioni nella preghiera, se non hai mai sperimentato questo incontro nella preghiera, se non hai mai intuito questa dimensione della preghiera, non hai purtroppo, mai provato i vertici a cui l'uomo può arrivare. I vertici di una contemplazione che umanamente sembrano impossibili, i vertici di una spiritualità che sul piano dello scibile umano sono irrealizzabili.

La preghiera aiuta tutto questo e rende tutto più facile.

Prega fratello, impara a pregare, impara a dialogare con il tuo Signore che non è lontano da te!

Oggi ti sembra lontano perché non lo conosci; ma quando imparerai a conoscerlo, allora ti renderai conto di quanto ti è vicino, perché lui verrà dentro di te, abiterà in te per dialogare, per vivere con te, per diventare compagno di viaggio della tua vita, per diventare amico e confidente dei tuoi segreti, per diventare amore del tuo amore.

Quando, grazie alla preghiera, avrai incontrato Dio e abiterà in te, sarai completamente trasformato, sarai completamente diverso, sarai un'altra creatura.

Sarai una realtà più vera, più giusta, più umana e più santa perché avrai imparato la strada della vera vita.

Prega allora fratello, impara a pregare, impara a parlare al tuo Dio. Impara anche ad ascoltarlo, a udire la Sua voce, a saperla riconoscere fra le mille voci, le mille confusioni e i mille rumori di questo mondo.

Questa voce è la voce della pace, la voce dell'amore, la voce della giustizia, la voce dell'obbedienza, la voce dell'onestà: perché essa è la voce di Dio.

MONDO MISSIONE

Ho sempre pensato che la parola “missione” indicasse l’impegno di quei sacerdoti, suore o anime consacrate che partono dalla loro terra, dal loro paese, dalla loro città per andare a portare il Vangelo nelle terre lontane, nelle terre sperdute e dimenticate. Insomma quegli uomini e donne che portano la Parola di Dio a coloro che sono chiamati “ pagani” e non conoscono la verità, cioè ai popoli delle foreste e dei villaggi smarriti, ovvero ai popoli in fase di sviluppo.

Ho sempre creduto che questo fosse uno dei compiti privilegiati che la Chiesa dovesse svolgere, proprio per far diventare tutti cristiani battezzando e in un certo senso, far diventare questi popoli seguaci di Cristo in un modo o in un altro.

Mi sembrava che bastasse che un sacerdote partisse per queste terre lontane e misteriose, annunciasse Gesù e subito il Vangelo venisse accolto, recepito e praticato. Avevo la convinzione che la missione si realizzasse nella soddisfazione e nella gioia di vedere tanti pagani venire battezzati.

Ma, se ci pensiamo bene, il mondo intero oggi è diventato tutto una terra missione. Non vi più soltanto l’uomo che non conosce Dio – perché non ne ha mai sentito parlare – non è soltanto nelle terre lontane e sperdute, dove forse non è mai arrivato il missionario, che gli uomini hanno bisogno del Vangelo. Ma anche qui in mezzo a noi, nella nostra Italia, nella nostra Europa, nei nostri paesi, nelle nostre parrocchie, fra la nostra gente, nelle nostre case, anche qui oggi è terra di missione.

Voi direte che forse sto esagerando, ma riflettiamo un momento. Terra di missione è dove l’uomo non conosce Dio, è dove l’uomo non vive Dio, è dove l’uomo non dà a Dio quel posto che è giusto che abbia. E’, insomma, dove l’uomo segue altre idee, altri idoli, altri che non sono Dio.

Riflettiamo dunque un momento: quanta gente in mezzo a noi, oggi, non segue Dio e in realtà non conosce Dio? Quanti adulti, ad esempio, hanno ancora una religiosità infantile, hanno ancora le cognizioni ricevute da piccoli quando si sono preparati alla Prima Comunione e credono ancora a cose infantili inerenti la fede e non hanno mai letto la Sacra Scrittura o approfondito un dialogo nella preghiera con il Signore o hanno mai conosciuto veramente la Chiesa a cui appartengono?

Quante sono le persone che non hanno fatto nessun passo in avanti, non hanno fatto neanche una riflessione da adulti sulla fede e sulla vita del cristiano?

Anche loro sono diventati oggi, terra di missione, perché il loro cuore è rimasto lontano e non hanno permesso a Dio di penetrarvi, non hanno conosciuto il vero volto del Signore Gesù, la verità, l’annuncio del Vangelo, la grande notizia dell’amore misericordioso del Signore.

Domandiamoci: quanti sono anche coloro che si sono perduti, quanti sono andati dietro a falsi idoli, al denaro, alla ricchezza, al benessere, alla comodità, al divertimento, alle sette alle illusioni del mondo e a motivo di tutto questo hanno abbandonato Dio e sono diventati terra di missione?

Non è può possibile, quindi, pensare che debbono essere soltanto i missionari o le suore o le anime consacrate a parlare di Dio al mondo d'oggi !

Tutto il mondo è diventato terra di missione e c'è bisogno che ogni uomo e anima disponibile diventi missionario.

Anche tu, Fratello, devi portare il peso dell'annuncio del Vangelo, abbandonando l'idea di partire per terre lontane. No!

Devi portare il Vangelo dentro casa tua, è li la tua terra di missione.

Devi portare il Vangelo nel tuo posto di lavoro, è lì la tua terra di missione.

Devi annunciare Cristo fra i tuoi amici, tra i tuoi parenti, è lì la tua terra di missione.

Devi rendere visibile il Cristo ovunque tu sei: nel negozio, nella piazza, sulla strada; ovunque tu cammini, ovunque tu vivi, è lì la tua terra di missione.

La tua vita, dunque, non potrà essere vissuta se non come una vita di missione, senza mai dimenticare il nome di chi ti ha mandato: Gesù Cristo il Signore, è Dio stesso che ti invia, è Dio stesso che ti conduce mano nella mano, è Dio stesso che apre la tua bocca per annunciare lui.

L'atto di fede, nella missione, è l'atto più importante perché è la base, l'elemento fondamentale per andare con un cuore aperto, con un'anima aperta, con la vita aperta e disponibile a chi ha bisogno.

Fratello, il vero bisogno dell'umanità oggi, è sì anche il pezzo di pane, ma è soprattutto fame di un'altra cosa.

L'uomo oggi ha fame di Dio, del Suo amore, della Sua verità e della Sua presenza nel cuore dell'uomo.

IL PRESEPE

" E il Verbo si è fatto carne ed è venuto ad abitare in mezzo a noi".

Ha bussato alla porta di casa sua e i suoi non gli hanno aperto, non l'hanno neanche riconosciuto. Gli angeli del cielo annunciarono agli uomini di buona volontà: "pace in terra e gloria nell'alto dei cieli"; e andarono dai pastori per portarli a Gesù, quel bambino nato da una giovane donna di nome Maria e deposto nella mangiatoia in una stalla.

Sono scene delicatissime del Natale e ricordo che fin da bambino aspettavo il Natale con trepidazione proprio per fare il presepe: era quasi per me un entrare nell'intimo del presepe. Vedere tanti personaggi intorno alla capanna, fermi davanti alla grotta di Betlemme era quasi, per me, un vivere quel momento con tutti quelli che in un modo o in un altro facevano corona a Gesù: i pastorelli, l'oste ed i suoi clienti, la lavandaia, l'uomo che avvistò per primo la stella cometa. Poi ricordo la gioia nel vedere le tante piccole luci e lucerne che costellavano quella notte di paradiso.

Momenti delicati ! La stella cometa che dall'alto del cielo, ha indicato ed illuminato il sorgere di un'alba nuova, un'alba che avrebbe dato all'umanità la certezza della vita eterna.

Da quella notte santa tutto ha acquistato un senso ed un significato. Lo stesso lavoro quotidiano ha un significato, un senso, un perché. Ha un senso gli anni che passano, il tempo che fugge, la stessa esistenza dell'uomo, giovane o vecchio ha un suo preciso significato.

L'uomo vive la sua vita lavorando, tesse la sua vita con semplicità, proprio perché sa nel profondo del proprio cuore che c'è un domani, un domani migliore, un domani d'eternità. E nel presepe si coglie questa la semplicità, soprattutto attraverso le figure dei pastori. Essi vivono all'aperto, sotto il solo, la neve o la pioggia, una vivono con semplicità, senza molte pretese, senza inganni, senza malignità.

Una semplicità che diventa normalità di vita, modo di essere e di esistere, di vivere e di pensare; una semplicità che si comunica attraverso occhi limpidi e puri, che si comunica attraverso la delicatezza verso tutto ciò che circonda noi e l'umanità.

Credo proprio che il presepe ripeta tutto questo: semplicità, innocenza, purezza.

Nel presepe è raffigurata la vita di un mondo che forse non esiste più, quello della campagna e del lavoro semplice. In un mondo come il nostro, dove il progresso e la scienza hanno reso l'uomo emancipato, super evoluto; dove il lavoro è completamente diverso da quello che vediamo raffigurato nel presepe, tutto questo non ha avvicinato l'uomo a Gesù, anzi, forse lo ha allontanato di più da Lui, forse lo ha reso più difficile da capire.

Ecco allora che, ancora una volta, anche quest'anno, torna la stella cometa ad annunciare a tutti noi che Cristo ci aspetta. Ci aspetta come in quella notte in cui il cielo, le stelle, la luna e il creato intero si sono fermati, anche se per un solo attimo, per contemplare la meraviglia dell'eternità in mezzo a noi, per contemplare Gesù, il Dio con noi.

Ciò che ci manca oggi, forse, è proprio ciò che il presepe ci ripete ancora una volta con tanta forza:" io sono il Signore, io sono l'Emmanuele, io sono colui che è venuto sulla terra per dare a tutti questa gioia, questa pace, questa certezza. Io sono il datore delle grazie, colui che da senso e significato alla vita; io ho illuminato la notte delle tenebre e ho portato la luce all'umanità".

Ogni volta che facciamo il presepe nelle nostre case o nelle nostre chiese e inventeremo i mille modi di rappresentare Gesù che nasce, non facciamo altro che aprirci al Signore.

Ricordo con quanta trepidazione aspettavo la mezzanotte del 25 Dicembre per porre nella paglia della mangiatoia quel piccolo pezzo di gesso. Per me era veramente Gesù.

Un pezzo di gesso, ma quanto significato aveva ed ha ancora per l'umanità! Proprio quel pezzo di gesso mi fa sentire Lui, il Signore, il suo amore vicino, uomo come me, vivente in mezzo all'umanità.

Nel presepe ci sono anche Maria e Giuseppe che ci fanno dono di Gesù, ci donano l'eternità che ha voluto riempire la terra della Sua presenza. Dono di inestimabile valore perché l'Emmanuele, il Dio con noi, si è fatto uomo ed ha trovato tanti cuori semplici ed ardenti ad accoglierlo.

Ecco il significato del Presepio: non Presepio di tradizione, ma Presepio di valori eterni illuminati dal piccolo Gesù.

A TE SIGNORE LA MIA PREGHIERA

“ Signore, Onnipotente ed eterno, datore di ogni grazia e di ogni vita, mi rivolgo a Te quest’oggi proprio perché in Te ritrovo i miei fratelli, la mia e la loro vita, la semplicità del creato e della natura: ritrovo l’universo intero.

Desidero, Signore, parlare con te come si parla ad un amico, un amico dal quale non avrai altro se non consolazione, sostegno, aiuto; un amico che, se può, ti darà una mano. Forse, Signore, noi tutti siamo abituati a rivolgerci a Te soltanto nel momento del bisogno, soltanto quando sentiamo nel cuore quella tristezza profonda che ci fa capire quanto Tu solo puoi consolarci. Ma tu, Signore, sai essere comprensivo, anche se noi a causa del nostro peccato spesso ti dimentichiamo:

Sei sempre presente dentro di noi, sei presente solo per merito tuo, perché tu vuoi rimanere con noi.

Vorrei dirti grazie, Signore, perché hai dato all’universo la vita, perché hai creato le cose più belle che mai noi avremmo potuto vedere e avere, ma soprattutto, Signore, perché ci hai dato il Tuo amore. Se soltanto comprendessimo quanto è grande questo tuo amore; se soltanto potessimo intuire la pienezza di questo tuo amore, sicuramente ci sprofonderemmo davanti a te, ogni attimo della vita, per dirti il nostro eterno grazie.

Grazie, Signore, perché dai senso alla vita, dai significato alla nostra storia. Senza di te dove troveremmo la pace, senza di te dove troveremmo l’amore, la gioia, la serenità?

Vorrei anche dirti, Signore, perchè non badi a quelle sciocchezze che facciamo sempre noi tue creature, non badi alle nostre miserie, ai nostri peccati perché noi – e te lo dico sinceramente – vorremmo fare il bene ma spesso, troppo spesso compiamo il male.

Tu che sei l’Onnipotente e l’eterno, apprezza la nostra buona volontà; ma soprattutto Signore, guarda alla tua clemenza, alla tua misericordia, al tuo amore per noi, perché non possiamo presentarti niente di nostro.

Non abbiamo nulla da darti. Abbiamo solo mani vuote, costantemente vuote, e così te le presentiamo! Accettale allora, accetta questo nostro niente, accetta questa nostra incapacità, perché non abbiamo altro, ma confidiamo in te e sappiamo che tu ci ami e ci perdoni.

Ma soprattutto, Signore, voglio dirti grazie per il dono di Gesù, per il dono della sua presenza nel mondo perché grazie a Lui abbiamo ascoltato la tua Parola, e l’universo intero è stato ed è ripieno della sua presenza.

Il dono immenso che ci hai fatto in Cristo, ha dato significato alla nostra vita, ha dato significato soprattutto alla nostra morte, ha dato senso alla nostra esistenza.

Che cosa valeva prima la vita? Perché viverla? Perché gioire, soffrire? Se non ci fosse stato tuo Figlio Gesù ad insegnarci che – al di là di questi nostri attimi, di questi anni e della stessa esistenza – vi è l'eternità dove non esisterà più il male che ci costringe e ci attanaglia, dove non vi sarà più la morte, la sofferenza, l'ingiustizia, ma saremo soltanto in te, Tu che sei la Trinità beata e con Te avremo l'eternità.

Signore ti presento quest'oggi il cuore di tutta l'umanità, i cuori di tutti coloro che onestamente ti cercano, i cuori di quelli che desiderano amarti e servirti.

Aiuta l'umanità intera, Signore, a trovare la pace, la giustizia, la collaborazione tra i popoli; aiuta le nostre famiglie e ognuno di noi perché ti possiamo sempre lodare e vivere di Te, Signore.

LA FAMIGLIA

La famiglia è una delle cose più belle che possa esistere nel cuore e nella mente di un uomo, perché è, in un certo senso, il fondamento della propria natura, della propria dimensione di uomo perchè è chiamato ad avere una sua famiglia, e a vivere la sua famiglia.

Quando si sentono parlare soprattutto i giovani, i ragazzi e, anche se non lo dicono chiaramente, dalle loro parole si intuisce una esigenza forte di famiglia, un senso di profondità della famiglia. Essi vorrebbero vederla sempre e comunque unita e felice, quasi un luogo dove il mondo non entri, un ambiente di crescita umana, sociale, spirituale, interiore per ritrovare se stessi.

Si sente anche nella voce dei giovani, il desiderio di pensare alla propria vita orientandola verso la formazione della propria famiglia attraverso l'amore; un amore concreto, un amore che si dona, un amore che riempia la vita, un amore che generi la vita.

La famiglia, in fin dei conti, è proprio questo: luogo d'amore che genera la vita.

Dio ha consegnato nelle mani dell'uomo e della donna il grande dono di dare la vita. La famiglia diventa, così, il luogo naturalissimo del dono della vita e lì, nella famiglia, c'è la garanzia per la vita, c'è l'amore per la vita, c'è il rispetto per la vita, c'è un dialogo profondo con la vita per cui tutto è orientato verso la vita, tutto diventa ricerca della vita.

Dare la vita non vuol dire soltanto generare fisicamente dei figli, ma vuol dire soprattutto avere fra i coniugi un rapporto d'amore, un rapporto di vita che aumenti giorno dopo giorno, un rapporto che non dà per scontato nulla, un rapporto sempre più denso di significato, un rapporto profondo, sincero, di totale dedizione e donazione, di totale abbandono, animato da una grande armonia, semplicità e naturalezza.

Ecco, la famiglia dovrebbe rispecchiare questa naturalezza, questa armonia, al di là di tutti i difetti che ognuno ha, ma con il desiderio grande e profondo di superarli, di correggerli, di perdonarli, di passarci sopra, di aiutare a cambiare.

La famiglia è il luogo privilegiato dell'amore, è il luogo privilegiato della crescita, perché è il luogo naturale in cui l'uomo può dire: qui sono felice, qui ho trovato me stesso, qui ho trovato la mia completezza, perché è la famiglia che mi rende vero e vivo nel mio più intimo.

Fratello, anche tu vivi in una famiglia, anche tu hai la tua famiglia. Io non so quale essa sia e come tu ti trovi in essa, ma anche tu devi riflettere.

Forse la tua famiglia, ancora oggi, ha bisogno di qualcosa, ma sicuramente ha bisogno di te, e desidera che tu migliori, che diventi più docile, che ti doni maggiormente per essere una vera famiglia.

Forse tu, mamma, che sei il centro della vita della famiglia, devi ancora maggiormente donarti, devi ancora di più spendere i tuoi attimi con amore per il bene dei tuoi.

E tu ragazzo, tu ragazza: è nella famiglia che hai avuto la vita, è il lavoro di tuo padre e di tua madre che ti permette di vivere, è da loro che hai ottenuto questo amore senza averlo mai chiesto e, come lo hai e lo avrai sempre da loro, così anche tu devi contraccambiarlo, anche tu devi dare comprensione, affetto, collaborazione e amicizia.

La tua famiglia deve diventare un luogo dell'amore e allora, fratello, guarda la tua famiglia, guardala con occhi retti e onesti; non distruggerla con il tuo egoismo, con al tua cattiveria o con la tua disonestà.

Cerca invece di costruirla questa famiglia, anche se ti costerà sacrifici, rinunce e sofferenze, costruisci la tua famiglia, poggiandola sulla roccia sicura che è l'amore, la fede e la fedeltà, ma poggiala soprattutto su Dio.

PREGHIERA A MARIA

Grazie o Maria Vergine Immacolata, grazie per la tua maternità. Grazie per la tua presenza nel mondo; grazie per il tuo essere madre di Gesù; grazie per il grande dono che ci fai; grazie perché da te abbiamo imparato quelle che sono le cose più belle e importanti, abbiamo imparato la semplicità, la fiducia in Dio, l'umiltà.

Grazie o Maria perché il tuo esempio è luminoso nella storia dell'umanità. Tu hai vinto il male, tu hai sconfitto il peccato, tu hai dato vita e generato il Verbo eterno, la parola di Dio incarnata, il Signore, il Salvatore, l'Onnipotente, l'Agnello innocente, il servo di Jahvè.

Te soltanto, Maria, puoi tutto perché tu sei la madre di Dio. L'umanità intera si rivolge a te per rivolgerti il suo grazie dal profondo del cuore, il grazie delle tante cose che l'uomo ha e possiede, il grazie perché ti sa mediatrice della Misericordia di Dio, ti sa avvocata davanti al cospetto e al trono di Dio altissimo, perché ti sa Madre amorosa e benigna che tutto comprende e che tutto copre.

Tu sei una mamma di Gesù e sei anche la mamma nostra, tu sei la madre dell'umanità intera e non puoi dimenticarti dei tuoi figli soprattutto quando sono tentati dal male, quando sono provati dalle difficoltà, quando hanno bisogno di te, della tua presenza, del tuo sorriso, del battito del tuo cuore di madre; tu non puoi dimenticarti di tutti noi perché ci ami perché ci vuoi vedere e felici desideri fortemente la nostra salvezza.

E pensare che noi non meritiamo nulla di tutto questo, ma il tuo amore di madre supera ogni nostra incomprensione e mancanza di riconoscenza perché, anche tu, come anche tutte le mamme di questo mondo, sai perdonare, sai giustificare, sai capire, sai comprendere che più di tanto noi non possiamo fare e che senza di te non potremmo arrivare a Gesù.

Tu che sei corredentrice della salvezza, aiuta l'umanità intera perché senza di te l'uomo è perduto, senza di te, Maria,l'uomo è disperato, senza di te l'uomo non ha la pace.

Ecco allora che il nostro cuore non può fare a meno di te, la nostra anima ha bisogno di te, la nostra vita esige te, per lo stesso credere, vivere, amare e per sperare. Oh madre Immacolata, o madre sempre Vergine, guarda l'umanità intera, guarda questo popolo in cammino, guarda l'universo che si rivolge a te, guardalo e muovi il tuo sguardo con passione verso le sofferenze, le tristezze, le difficoltà di chi ha bisogno, fa che le speranze diventino certezze, fa che i dubbi si trasformino in fede, fa che la vita di questo mondo si alimenti della vita dell'eternità, fa che la luce delle tenebre sia annientata dalla luce della tua presenza, fa che l'umanità abbia la felicità.

Ti chiediamo la fede, ti chiediamo l'amore, ti chiediamo la comprensione amorosa, ti chiediamo che il tuo cuore di Madre palpiti per noi, non si dimentichi mai di noi e che ogni attimo della nostra vita possiamo percepire la Tua presenza come amica e compagna di viaggio, come porta che per il regno dei cieli, come colei che tutto può e alla quale neanche l'Altissimo può dire di no: né il Padre, perché lei è l'ancella, né il Figlio perché lei è la madre, né lo Spirito, perché lei è la sposa.

Ma non dimenticarti di noi, soprattutto perché Tu sei la nostra Madre.

IL TERZO MILLENNIO

Un nuovo millennio è iniziato e davanti a noi abbiamo questo tempo che è un dono di Dio, un dono che dobbiamo spendere, un dono che dobbiamo accogliere nella pienezza di tutto il suo significato. Un tempo da vivere, da scoprire, un tempo da gustare, un tempo da non perdere.

I giorni passeranno uno dopo l'altro e le settimane seguiranno le settimane e alla fine passerà anche questo millennio e l'umanità, forse non se ne sarà accorta.

Avremo, sicuramente, però riempito i nostri giorni di tante cose, li avremo riempiti di tanti significati, avremo dato risposte a tanti perché, avremo forse amato di più, gioito di più, vissuto di più, forse avremo saputo inserirci in quello che è il mondo intero l'universo, in ciò che è il creato e quindi avremo saputo vivere i nostri giorni così come il Creatore li aveva voluti per noi senza alterare nulla, senza cambiare nulla, senza forzare nulla, senza andare contro natura.

Forse, in questo terzo millennio noi dovremo cercare di scoprire realmente chi siamo; scoprirlo davvero, scoprirlo nell'intimo, nel profondo, scoprirlo in quella che è la nostra dimensione più vera.

E quando avremo scoperto nell'intimo chi siamo, potremo allora ripetere ancora una volta l'inno grandioso verso il creato e il suo Creatore, verso la bellezza delle cose e la meraviglia di chi le ha fatte.

Il nostro inserimento nelle cose create è sempre stato difficoltoso e con la nostra presunzione, con la nostra arroganza, con il nostro peccato, noi non facciamo altro che allargare ancor di più il solco che divide l'umanità da Dio.

Quindi l'unica cosa importante deve essere proprio questo cercare di riempire i giorni, i mesi, gli anni, i secoli con il dono più grande: il dono della naturalezza, della semplicità, il dono di sentirsi creature amate e create ad immagine di Dio, il dono di sentirci veramente accanto al creatore, accanto al Signore, accanto a colui che supera il tempo, la storia, i millenni.

Sarà un grande dono per ognuno di noi se il Signore permetterà che i nostri cuori scoprano la vera dimensione della vita secondo natura.

Sarà un tempo meraviglioso se ognuno di noi vivrà se stesso proiettandosi in questa realtà e quando arriveremo al tramonto della nostra giornata, sapremo capire e scoprire ancora di più la bellezza del giorno che abbiamo vissuto ed i nostri pensieri non saranno più pensieri tenebrosi, di paura, di morte di guerra o di terrore, ma saranno pensieri di fiducia, pensieri di speranza, pensieri di gioia perché avremo cercato e trovato ciò che desideravamo: Dio.

Avremo bussato alla porta della pienezza della conoscenza e ci verrà anche aperto e quindi la vita umana avrà acquistato un giusto senso, un giusto sapore.

Ma se così no n sarà, se l'umanità si allontanerà ancor di più dal suo Principio vitale, sarà un millennio di odi e di guerre, di bombe e di lutti, di rivalità e di in incomprensioni.

Cercare Dio nel profondo del proprio cuore, renderlo vivo e presente ogni giorno della propria vita per scoprire se stessi, per accorgersi della Sua grandezza, della Sua presenza e per vivere con Lui, non soltanto oggi ma domani e per sempre in un tempo che non avrà più millenni da contare.

OSAMA BENLADEN, NOSTRO FRATELLO

11 Settembre 2001, un aereo di linea americano si schianta su di una delle torri gemelle, 18 minuti dopo un altro aereo colpisce la seconda torre. Un terzo aereo, successivamente si scaglia contro il Pentagono, un quarto tenta di colpire la Casa Bianca, ma finisce lontano dal bersaglio.

Cosa sta accadendo, come è possibile che ciò sia accaduto: la sorveglianza aerea così sofisticata è stata elusa, ritardi nelle operazioni di verifiche di rotte non rispettate, telefonate di allarme giunte dagli stessi aerei non prese in serie considerazione.

Cosa sta accadendo? E' l'inizio di una guerra inaspettata?

Dopo i primi momenti di enorme panico e dopo il disastro del crollo delle torri e lo sgomento generato dalla consapevolezza che migliaia di persone sono rimaste intrappolate ed uccise nelle torri, la ricerca della verità si impone e dopo poche ore ecco già indicato con certezza sempre più crescente il nome di chi ha voluto, pensato, elaborato e realizzato questo attacco all'America.

Ecco il suo nome: OSSAMA BENLADEN.

Ossama Benladen: terrorista, uno degli uomini più ricchi della terra, amante della violenza, della tecnologia, nemico dell'umanità, difeso da governi conniventi che nascondono sia Lui che i suoi campi di addestramento, uomo di religione musulmana che in nome di Allah invita i musulmani del mondo alla guerra santa finale, nemico dei cristiani e del mondo occidentale.

Questa, in sintesi la cronaca dei fatti accaduti e le riflessioni e considerazioni, a caldo, fatte su Benladen.

E' passato del tempo, ormai, da quell'11 settembre 2001 e l'America, sostenuta dalla stragrande maggioranza delle nazioni, ha iniziato la ricerca del terrorista Benladen bombardando l'Afganistan per stanarlo e punire anche il governo Taleban che non ha voluto consegnarglielo e lo ha difeso e nascosto.

Quasi la totalità degli uomini reputa Ossama Benladen un terrorista che deve essere punito.
E' vero che il suo gesto è stato un gesto terroristico e che ha mostrato la sola volontà di distruzione e di morte, ma domandiamoci: noi che abbiamo vissuto 2000 anni di

cristianesimo, di presenza di migliaia di uomini eccezionali come i Santi, noi parte di una Chiesa che tramite i suoi Pontefici ha sempre parlato al mondo di Pace, Amore e Perdono, cosa diciamo di Ossama Benladen? ASSASSINO !

E' questa, dunque, la giusta risposta alla mia domanda? No di certo!

Rileggiamo il Vangelo! Gesù incontra Zaccheo, che ne aveva fatte tante alla sua gente e gli dice " Zaccheo scendi dall'albero, perché oggi verrò a casa tua ". Altri avrebbero detto: " Zaccheo sei un delinquente, un affamatore degli orfani e delle vedove, sei un ladro, ti faremo restituire tutto ciò che hai defraudato e poi ti manderemo in galera". Gesù ottiene lo stesso risultato, ovvero la restituzione di tutto il defraudato, dimostrando il suo amore per Zaccheo, ed in più ottiene che, da quel momento in poi Zaccheo sarà un uomo onesto e timorato di Dio per tutta la vita.

Continuiamo ancora la nostra lettura. Portarono a Gesù una donna colta in adulterio. Noi avremmo detto:" ecco finalmente ti hanno presa in fallo, sei una vergognosa peccatrice, una meretrice, una donna spudorata e non hai timore di Dio, sei la vergogna del nostro villaggio e per questo meriti la morte". Gesù, invece cosa fa! Guarda coloro che la hanno condotta fin da Lui e dice :" chi è senza peccato scagli la prima pietra ". Poi, visto che tutti se ne erano andati, dice alla donna: " va, anche io non ti condanno e non peccare più ". Gesù, con la misericordia, ha conquistato una anima al Regno dei cieli ed ha fatto vergognare gli ipocriti ed ha mostrato il loro vero volto ai sepolcri imbiancati.

Gesù, chiamerebbe Ossama Benladen: Fratello! Gli direbbe: " Benladen, scendi giù dall'albero perché oggi verrò a casa tua ", oppure " Ossama, nessuno ti ha condannato ? neanche io ti condanno, va e non peccare più ".

Fratello che mi stai leggendo in questo momento, domando a te: noi che diciamo di essere cristiani e siamo illuminati dal Vangelo, continueremo dunque a chiamare Ossama Benladen assassino e continueremo ad odiarlo per quello che ha fatto, oppure lo chiameremo Fratello e lo ameremo, come lo avrebbe amato Gesù, perché egli è un povero peccatore?

A te la risposta!

INDICE

QUALE AMORE? 1
SEMPLICITA’ 3
L’UOMO E LA FRATERNITA’ 5
CERCARE DENTRO 7
PERCHE’ LA VITA 9
I POVERI LI AVRETE SEMPRE CON VOI 11
LA PRIMA DOMANDA 13
COERENZA DI VITA 15
MORE FRATERNO 17
BEATO L’UOMO… 19
LA BONTA’ 21
LA VERA PACE 23
L’AMICIZIA 25
LA FEDE 27
L’ATTIMO FUGGENTE 29
COMUNICARE 31
SORELLA MORTE 33
LA SOFFERENZA 35
DIO AMORE 37
PORTATORI DI SPERANZA 39
LO SPLENDORE DEL CREATO 41
IL SENSO DELLA VITA 43
ESSERE BAMBINI 45
MORIRE DENTRO 47
IL VENTO DELLO SPIRITO 49
LA FEDE, LA SPERANZA, LA CARITA’ 51
L’UOMO E LA TENTAZIONE 53
LA VITA 55
LASCIAR FARE A DIO 57
IL CRISTO DEL SORRISO 59
OGNUNO DI NOI 61

IL MALE NEL MONDO....63
CON IL SUDORE DELLA FRONTE....65
IL TUO VOLTO… SIGNORE....67
IL DRAMMA DELL'AMORE DI DIO....69
LA MISERICORDIA DI DIO....71
L'ANNUNCIO DEL VANGELO....73
L'UOMO E LA SCIENZA....75
GLI ORRORI DELLA GUERRA....77
OGGI E' NATALE....79
L'ACCOGLIENZA....81
G8, LA RIVOLUZIONE E CARLO GIULIANI....83
LA PREGHIERA....85
MONDO MISSIONE....87
IL PRESEPE....89
A TE SIGNORE LA MIA PREGHIERA....91
LA FAMIGLIA....93
PREGHIERA A MARIA....95
IL TERZO MILLENNIO....97
OSAMA BENLADEN, NOSTRO FRATELLO....99

Printed by Books on Demand GmbH, Norderstedt / Germany